GESTÃO DA VIABILIDADE ECONÔMICO-FINANCEIRA DOS PROJETOS DE INVESTIMENTO

abdr
Respeite o direito autoral

ASSOCIAÇÃO BRASILEIRA DE DIREITOS REPROGRÁFICOS

O GEN | Grupo Editorial Nacional – maior plataforma editorial brasileira no segmento científico, técnico e profissional – publica conteúdos nas áreas de ciências exatas, humanas, jurídicas, da saúde e sociais aplicadas, além de prover serviços direcionados à educação continuada e à preparação para concursos.

As editoras que integram o GEN, das mais respeitadas no mercado editorial, construíram catálogos inigualáveis, com obras decisivas para a formação acadêmica e o aperfeiçoamento de várias gerações de profissionais e estudantes, tendo se tornado sinônimo de qualidade e seriedade.

A missão do GEN e dos núcleos de conteúdo que o compõem é prover a melhor informação científica e distribuí-la de maneira flexível e conveniente, a preços justos, gerando benefícios e servindo a autores, docentes, livreiros, funcionários, colaboradores e acionistas.

Nosso comportamento ético incondicional e nossa responsabilidade social e ambiental são reforçados pela natureza educacional de nossa atividade e dão sustentabilidade ao crescimento contínuo e à rentabilidade do grupo.

FÁBIO FREZATTI

GESTÃO DA VIABILIDADE ECONÔMICO-FINANCEIRA DOS PROJETOS DE INVESTIMENTO

O autor e a editora empenharam-se para citar adequadamente e dar o devido crédito a todos os detentores dos direitos autorais de qualquer material utilizado neste livro, dispondo-se a possíveis acertos caso, inadvertidamente, a identificação de algum deles tenha sido omitida.

Não é responsabilidade da editora nem do autor a ocorrência de eventuais perdas ou danos a pessoas ou bens que tenham origem no uso desta publicação.

Apesar dos melhores esforços do autor, do editor e dos revisores, é inevitável que surjam erros no texto. Assim, são bem-vindas as comunicações de usuários sobre correções ou sugestões referentes ao conteúdo ou ao nível pedagógico que auxiliem o aprimoramento de edições futuras. Os comentários dos leitores podem ser encaminhados à Editora Atlas Ltda. pelo e-mail faleconosco@grupogen.com.br.

Direitos exclusivos para a língua portuguesa
Copyright © 2007 by
Editora Atlas Ltda.
Uma editora integrante do GEN | Grupo Editorial Nacional

Reservados todos os direitos. É proibida a duplicação ou reprodução deste volume, no todo ou em parte, sob quaisquer formas ou por quaisquer meios (eletrônico, mecânico, gravação, fotocópia, distribuição na internet ou outros), sem permissão expressa da editora.

Rua Conselheiro Nébias, 1384
Campos Elísios, São Paulo, SP — CEP 01203-904
Tels.: 21-3543-0770/11-5080-0770
faleconosco@grupogen.com.br
www.grupogen.com.br

Designer de capa: Zenário A. de Oliveira
Editoração Eletrônica: Lino-Jato Editoração Gráfica

Dados Internacionais de Catalogação na Publicação (CIP)
(Câmara Brasileira do Livro, SP, Brasil)

Frezatti, Fábio

Gestão da viabilidade econômico-financeira dos projetos de investimento / Fábio Frezatti. – [5. Reimpr.]. – São Paulo: Atlas, 2018.

Bibliografia.
ISBN 978-85-224-4978-1

1. Administração de projetos 2. Investimentos – Projetos I. Título.

07-9634   CDD-332.6

Índice para catálogo sistemático:

1. Projetos de investimento: Viabilidade econômico-financeira: Economia 332.6

Sumário

Alguns comentários para o leitor, xi

1 Introdução, 1
    1.1 Conceito de projeto, 3
    1.2 Um pouco de história sobre gestão de projetos, 4
    1.3 Diferenciações de tipos de projetos, 7
    1.4 Composição dos projetos, 9
    1.5 *Trade-off* do tripé, 12
    1.6 Questões de múltipla escolha sobre o tema 1, 14
    1.7 Exercício 1: Cadê a aderência?, 16
    1.8 Roteiro de estruturação e análise de projeto – etapa 1, 17

2 Relacionamento do projeto com o plano de negócios, 20
    2.1 Visão de retorno da organização, 22
    2.2 O processo de planejamento estruturado de uma organização, 23
    2.3 Plano de investimentos: horizonte e relacionamento, 25
    2.4 Alinhamento entre planos estratégico e tático, 27
    2.5 A aderência estratégica dos projetos, 28
    2.6 Questões de múltipla escolha sobre o tema 2, 29
    2.7 Exercício 2: Identificação das etapas, 31
    2.8 Roteiro de estruturação e análise de projeto – etapa 2, 33

3 Ciclos de um projeto, 35
    3.1 O projeto como um todo: diferentes momentos, 37
    3.2 Os ciclos de um projeto, 38

3.3 Peculiaridades dos ciclos de um projeto, 45
3.4 Cronograma de atividades e suas consequências, 47
3.5 Questões de múltipla escolha sobre o tema 3, 48
3.6 Roteiro de estruturação e análise de projeto – etapa 3, 50

4 Questões financeiras ligadas aos projetos, 52
4.1 Aspectos monetários e não monetários da gestão de projetos, 54
4.2 Demonstrações financeiras e seu relacionamento, 54
4.3 Gastos: despesas, custos, investimentos e perdas, 58
4.4 Modelo para estruturação de fluxo de caixa, demonstração de resultados e balanço patrimonial, 59
4.5 Questões de múltipla escolha sobre o tema 4, 65
4.6 Exercício 3: Abelhas, 66
4.7 Exercício 4: Isso é caixa?, 68
4.8 Roteiro de estruturação e análise de projeto – etapa 4, 70

5 Métodos de avaliação de investimentos, 71
5.1 As várias metodologias, 73
5.2 Métodos baseados no fluxo de caixa, 74
5.3 Métodos baseados no resultado econômico-contábil, 80
5.4 Custo de oportunidade, 83
5.5 Questões relevantes na utilização dos métodos de avaliação de investimentos, 84
5.6 Questões de múltipla escolha sobre o tema 5, 86
5.7 Exercício 5: Táxi, 88
5.8 Roteiro de estruturação e análise de projeto – etapa 5, 89

6 Avaliação e seleção de projetos, 90
6.1 Diferentes abordagens de seleção de projetos, 92
6.2 Modelagem do processo seletivo, 95
6.3 A incerteza na análise de projetos, 98
6.4 Questões de múltipla escolha sobre o tema 6, 99
6.5 Exercício 6: Custo do dinheiro, 101
6.6 Roteiro de estruturação e análise de projeto – etapa 6, 103

7 As pessoas dentro da abordagem dos projetos, 104
7.1 Aspectos comportamentais na gestão de projetos, 106
7.2 Os vários agentes que interferem no projeto, 106
7.3 O gerente de projetos, 109
7.4 Estruturas de projetos, 111
7.5 Questões de múltipla escolha sobre o tema 7, 112
7.6 Exercício 7: Recuperação do investimento, 114
7.7 Roteiro de estruturação e análise de projeto – etapa 7, 116

8 Controle e encerramento dos projetos, 117
    8.1 Monitoração de projetos, 119
    8.2 Os principais problemas com os projetos, 120
    8.3 Avaliação e auditoria de projetos, 121
    8.4 Encerramento de projetos, 121
    8.5 Questões de múltipla escolha sobre o tema 8, 122
    8.6 Roteiro de estruturação e análise de projeto – etapa 8, 124

Bibliografia, 125

Índice remissivo, 127

Agradecimentos

A Deus pela oportunidade de expressão e possibilidade de aperfeiçoar e corrigir imperfeições.

Aos meus familiares, que têm sido a grande motivação de vida: Eliete, Bianca e Daniel.

A algumas mulheres muito especiais que muito me ensinaram na vida e em relação às quais sempre serei devedor: Ruth, Emília Pinho, Izaura M. Fernandes, Maria de Lourdes Belfort e Nair de Oliveira Degaspari.

Ao Sr. Romeu, nosso grande exemplo de fé e amor à vida.

Aos professores e alunos da graduação e pós-graduação da FEA-USP, Departamento de Contabilidade e Atuária, por suas críticas e sugestões.

À direção da Editora Atlas, em especial ao Sr. Luiz Herrmann Jr., pela insistência em confiar e apostar no autor, e Ailton Brandão, pelo companheirismo ao longo do tempo.

Alguns Comentários para o Leitor

Este livro surge da percepção de oportunidade, no momento em que alguns fenômenos se apresentam:

- a complexidade que o tema vem tomando nos últimos tempos;
- a percepção de que os projetos de investimentos podem ser considerados de maneira mais abrangente do que até então, incluindo decisões que antes não demandavam tal tratamento;
- a retomada de projetos de investimentos, tanto para novos negócios como para revisão dos já existentes; e
- a enorme lacuna existente no mercado nacional, em relação ao conteúdo literário que trate o tema de forma integrada, em termos instrumentais.

Nesse sentido, a atual necessidade de os gestores tornarem o resultado dos seus empreendimentos mais previsíveis em termos de custo, prazo e escopo final cria uma interessante demanda pelos conhecimentos e práticas da gerência de projetos. Esta afirmação tem sido válida em todas as áreas de atuação, ou seja, não se concebe fazer um investimento sem ter ideia do retorno, ou iniciar um projeto sem que se tenha ideia do seu término, ou até desperdiçar sinergia entre os participantes de um projeto para garantir a qualidade do produto final.

Diante disso, o autor deste livro se propõe elaborar uma obra com a **cobertura abrangente dos conceitos** necessários à análise da viabilidade econômica de projetos, além de uma **bateria de exercícios** e **casos**, possibilitando que o público-alvo possa ser exposto ao tema. Este livro não pretende se caracterizar como uma obra do PMI (Project Management Institute) sobre *project management*, mas, naquilo que necessita para o foco do processo de decisão e acompanhamento do projeto, busca coerência. Na verdade, a abordagem deste material pretende considerar que toda a discussão econômico-financeira do projeto só pode ser desenvolvida a partir do adequado entendimento da estrutura lógica do projeto, no seu sentido mais técnico. O livro tem por objetivo proporcionar uma visão geral do processo de análise e decisão sobre projetos de investimento de uma entidade, considerando os principais pontos críticos desse processo. Os temas selecionados são iniciados por uma apresentação dos objetivos definidos dos projetos, mostrando que os usuários têm necessidades distintas (Capítulo 1: conceitos associados ao tema proposto e amplitude do escopo). Na sequência, o livro cuida do planejamento estratégico da empresa e do orçamento, artefatos que deveriam conter e tratar os projetos das empresas (Capítulo 2: relacionamento do projeto com o planejamento da entidade). Os ciclos dos projetos são tratados a seguir com o objetivo de mostrar que são entes vivos que apresentam características distintas ao longo do tempo (Capítulo 3: ciclos de vida dos projetos). As questões contábeis e financeiras são fundamentadas para que se possa analisar e entender tanto o resultado econômico como o financeiro da entidade e do projeto, bem como seu posterior gerenciamento (Capítulo 4: questões financeiras ligadas aos projetos de investimento). Os métodos de análise de investimento proporcionam condições de discriminar e escolher os projetos mais adequados do ponto de vista econômico/financeiro (Capítulo 5: métodos de avaliação de investimentos), e levar em conta motivos não apenas econômico-financeiros (Capítulo 6: avaliação e seleção de projetos). São as pessoas que gerenciam os projetos (Capítulo 7: as pessoas dentro da abordagem de projetos) e eles por fim são encerrados (Capítulo 8: controle e encerramento de projetos).

A estrutura do livro considera quatro elementos para permitir o adequado entendimento dos capítulos, que são: conceitos gerais, questões de múltipla escolha, exercícios e caso prático. Nesse sentido, os recursos considerados coordenados pelo seu projeto levam em conta:

- Conceitos gerais

    Foram preparados com o objetivo de conectar conceitos com elementos propostos.

- Questões de múltipla escolha

    Têm por objetivo permitir que o leitor desenvolva a sua autoavaliação e perceba o progresso.

- Exercícios

    Foram desenvolvidos de maneira a coletar de forma sequencial a aplicação dos conceitos, a partir de um exemplo.

- Roteiro de estruturação de um projeto

    Analisando os exercícios, consiste em trabalho desenvolvido pelo leitor para customizar as necessidades de projetos.

Como sugestão aos professores para sequência de atividades:

Resumo de sugestão de atividades do livro

Capítulo	Tema de leitura do material de suporte	Conteúdos da aula RC	Questões de múltipla escolha	Exercícios	"Seu" Caso
1	Introdução	(i) Dúvidas sobre questões de múltipla escolha e exercícios; (ii) Dúvidas sobre as etapas do "seu" caso	1	1 "Cadê a aderência?"	Etapa 1
2	Relacionamento do projeto com o plano de negócios		2	2. "Identificação das etapas"	Etapa 2
3	Ciclos de um projeto		3	3. "Isso é caixa?"	Etapa 3
4	Questões financeiras ligadas aos projetos		4	4. "Abelhas"	Etapa 4
5	Métodos de avaliação de investimentos		5	5. "Táxi"	Etapa 5
6	Avaliação e seleção de projetos		6	6. "Custo do dinheiro"	Etapa 6
7	As pessoas dentro da abordagem dos projetos		7	7. "Recuperação do investimento"	Etapa 7
8	Controle e encerramento dos projetos		8		Etapa 8

Sugestões e comentários serão bem-vindos. Favor encaminhar para o e-mail: frezatti@usp.br.

O Autor

1

Introdução

Objetivos de aprendizagem

1. Conceituar projetos e o *trade-off* de recursos.
2. Apresentar casos de projetos e caracterizar a evolução do tema.
3. Indicar diferentes tipos de projetos encontrados nas empresas.
4. Distinguir projetos que estejam relacionados com elementos tangíveis e intangíveis.
5. Especificar projetos que possam praticar *trade-off*.

Tópicos tratados

1.1 Conceito de projeto
1.2 Um pouco de história sobre gestão de projetos
1.3 Diferenciações de tipos de projetos
1.4 Composição dos projetos
1.5 *Trade-off* do tripé
1.6 Questões de múltipla escolha sobre o tema 1
1.7 Exercício 1: Cadê a aderência?
1.8 Roteiro de estruturação e análise de projeto – etapa 1

Questões provocativas

1. Como o projeto afeta a vida da empresa?
2. Que tipos de projetos despertam o seu interesse?
3. O que acontece se o projeto não é encerrado?
4. Como tornar o *trade-off* da gestão de projetos um processo racional?
5. Qual o impacto do conceito de projeto de investimento sobre a gestão do mesmo?

Bibliografia complementar

ASSAF NETO, A. *Finanças corporativas*. São Paulo: Atlas, 2005.

DINSMORE, P. C. *Gerência de programas e projetos*. São Paulo: Pini, 1992.

FREZATTI, F. *Orçamento empresarial*: planejamento e controle gerencial. 4. ed. São Paulo: Atlas, 2007.

GITMAN, L. J. *Princípios de administração financeira*. São Paulo: Harbra, 1997.

KERZNEL, H. *Gestão de projetos*: as melhores práticas. 2. ed. Porto Seguro: Máximo, 2006.

MEREDITH, J. R.; MANTEL, S. J. *Project management*: a managerial approach. 4. ed. New York: Wiley, 2000.

VALERIANO, D. *Gerência em projetos*: pesquisa, previsão e economia. Porto Seguro: Makron Books, 1998.

1.1 Conceito de projeto

A palavra *projeto* tem aparecido em diferentes ambientes da vida empresarial, nem sempre representando a mesma coisa, tanto no que se refere ao escopo como ao nível de profundidade pretendidos. Vários são os conceitos de projetos, dentro de várias demandas diferentes. Dessa maneira, para alguns estudiosos, o projeto se constitui em algo que seja utilizado para analisar uma dada alternativa; outros entendem como algo mais denso e de longa duração nas entidades; alguns percebem projeto não apenas como a etapa de planejamento, enquanto outros só se interessam pelo projeto no que se refere às projeções, e assim por diante.

Algumas definições disponíveis são as seguintes:

> *"Conjunto de ações executadas, de forma coordenada, por uma organização transitória, à qual são alocados insumos sob a forma de recursos (humanos, financeiros, materiais, etc.) e serviços (gerenciamento, compras, transportes etc.) para, em um dado prazo, alcançar um objetivo determinado"* (VALERIANO, 1998)

> *"Trata-se de empreendimento com objetivo bem definido, que consome recursos e opera sob pressões de prazos, custos e qualidade"* (KERZNER, 2006).

> *"Num sentido amplo, um projeto é uma atividade específica e finita a ser atingida"* (MEREDITH e MANTEL, 2000).

O que tais definições têm em comum? Muito pouco. Na verdade, cada uma dessas definições teve um tipo de premissa, olhando um tipo predominante de projeto. No primeiro caso, na definição de Valeriano, a visão de projetos é bem ampla, num sentido de reforçar a finitude do mesmo e a complexidade de desenvolvimento. Herzner, por sua vez, tenta ser mais resumido, levando em conta as questões mais genéricas de um projeto. Finalmente, Meredith e Mantel focam a essência do projeto, de maneira ainda mais sucinta. Caso tivéssemos relacionado outras tantas definições, muito provavelmente teríamos encontrado uma série de divergências na definição, pois as perspectivas que antecederam a definição de cada autor são muito focadas nos tipos predominantes de projetos, com demandas muito focadas ou muito abertas.

Para os efeitos deste trabalho, a definição considerada mais adequada ao desenvolvimento das pessoas envolvidas em atividades não rotineiras que pudessem remunerar os gestores seria:

> *"Empreendimento com começo, meio e fim, dirigido por pessoas, para cumprir metas estabelecidas dentro de parâmetros de custo (leia-se gasto), tempo e qualidade"* (DINSMORE, 1992).

"Empreendimento" por se tratar de algo abrangente quanto ao que tratar: pode ser um novo produto, sendo tratado como projeto, ou mesmo uma nova empresa ou a aquisição de um veículo para a frota, em situação em que a decisão já teria sido tomada, mas ainda necessita de uma definição de alternativa de financiamento, por exemplo.

"Começo, meio e fim" indica a finidade do projeto; é um aspecto importante, pois pergunta-se o que acontece com os ativos depois da extinção do projeto. *"Para cumprir metas estabelecidas"* indica que existe relacionamento com algo na entidade, preferencialmente com seu processo formalizado de planejamento. *"Dentro de parâmetros de custo, tempo e qualidade"* são indicações do *trade-off* dos elementos que permitem à empresa um adequado equilíbrio dos gestores entre os recursos demandados.

"Dirigido por pessoas" é um aspecto fundamental da definição pois relaciona os gestores ao projeto. O fator humano é de especial importância e é crítico para o sucesso do projeto.

De qualquer forma, embora não pretenda colidir com os preceitos e estruturação do PMI (Project Management Institute) e seu material orientador, o PMBOK (*Project Management Body of Knowledge*), o roteiro e os ingredientes deste material não se subordinam àquele órgão e material de consulta.

A perspectiva de considerar a abordagem estruturada de projetos considera, minimamente, que três aspectos fundamentais devem ser definidos:

- objetivo do projeto, sendo especificados: o que dele se espera, quem será envolvido e resultados a obter;
- estruturação do projeto, propriamente dito, sendo definidas: a estrutura humana (liderança e equipe), funções e responsabilidades e formatação do gerenciamento da estrutura funcional e do projeto;
- controles do projeto, com foco no tripé: custo (gasto), tempo e qualidade.

1.2 Um pouco de história sobre gestão de projetos

É inevitável que alguém queira falar sobre projetos e comece pensando nas pirâmides do Egito. Alguns milhares de anos atrás, conseguir construir verdadeiras obras de arte da arquitetura, sem os recursos de que ora dispomos, é algo que sempre nos impressionará. Trata-se de um tipo de projeto que considerava a não-preocupação com a eficiência dos recursos, nem mesmo a limitação de tempo para que o projeto estivesse totalmente implementado, muito embora a extensão da vida dos faraós representasse a grande limitação de prazo para o término da obra. Por outro lado, o fato de existir um poder ilimitado sobre a força de trabalho tornava o aspecto "foco no desenvolvimento do trabalho" relativamente simples do ponto de vista de orientação e acompanhamento. Em outras palavras, não existia um questionamento sobre o que fazer ou qual a forma, por parte dos escravos que participaram da construção. A motivação dos indivíduos ao trabalho não era a variável mais relevante. Rebeliões e revoltas eram tratadas de maneira brutal e inequívoca, no sentido de que se pagava com a vida pela não disposição de colaborar com a construção. Os desafios maiores correspondiam à obtenção dos recursos materiais, a sua extração, recorte, transporte e, principalmente, se é que se pode dizer, à colocação no lugar adequado. A coordenação não deixava de ser algo complexo, dada a quantidade de pessoas que estavam envolvidas no processo e os meios técnicos para superar dificuldades.

Na Idade Média, o grande projeto foram as Cruzadas para a libertação de Jerusalém, que foram estimuladas pela Igreja e possuíam participação da nobreza e do clero. Além de expandir a visão cristã, lucros eram auferidos pelos cruzados e, com o passar do tempo, elas foram substituídas pelos projetos dos comerciantes italianos, com o objetivo explícito de auferir aumento da riqueza. Tais projetos, diferentemente das pirâmides, ou seja, do tipo de construção civil, tinham como preocupações maiores as rotas mais favoráveis à obtenção de produtos ou mais protegidas ou com menores riscos; no sentido econômico, a grande preocupação recaía sobre os meios de transporte terrestres, marítimos e fluviais e os recursos de capital de giro, para que as caravanas pudessem atingir seus objetivos e voltar com o retorno desejado.

A Revolução Industrial proporcionou a percepção de que o processo produtivo poderia ser organizado, mas essa organização não trouxe impactos significativos sobre a visão de projetos, ainda que a demanda existisse. De qualquer forma, criou bases para que as entidades, a partir da organização do processo produtivo, fossem aperfeiçoando produtos e esses mesmos processos.

A Segunda Guerra Mundial trouxe uma demanda diferenciada que pode ser percebida a partir do projeto Manhattan. Destinado a gerar a bomba atômica, é citado como um marco por se tratar de uma situação de grande complexidade de estruturação, com diferentes fornecedores, confidencialidade e pressão por otimização do tempo. A complexidade tecnológica, aliada ao risco do desconhecido, foi marcante para que esse projeto seja citado como o marco do *Project Management*, ou seja, a visão estruturada de conduzir projetos.

Frequentemente citada, a NASA, com seus projetos de envio do homem à lua e outros entes solares, também contribuiu enormemente para o desenvolvimento do *Project Management*, à medida que a complexidade de suas atividades, prazos e enorme envolvimento com o desconhecido estimularam formas de organizar e estruturar seus projetos.

Por sua vez, o túnel sob o Canal da Mancha é citado como um projeto extremamente complexo em termos políticos, culturais e tecnológicos. Envolvendo a ligação entre Inglaterra e França, foi muitas vezes mais custoso do que o planejado (e mais demorado também). Mesmo com essas questões, sem uma forte estruturação tal projeto jamais sairia do papel. Esse aspecto é importante, pois, em muitas situações, a visão estruturada de tratar projetos de investimento não impediu a existência de problemas, mas a ausência da abordagem simplesmente tornaria inviável o desenvolvimento do projeto.

A própria globalização teve muita influência no desenvolvimento das metodologias de estruturação de projetos, à medida que, cada vez mais, o desenvolvimento de produtos requer atividades que permitam às organizações geração de novos produtos e serviços dentro de perspectivas temporais restritas e com recursos escassos, ou seja, o fator otimização de recursos com o aumento da eficiência só passa a ser viável com uma forte ênfase no planejamento e coordenação de atividades.

De maneira bem resumida, o que estimula o ambiente no momento vivido, em termos da demanda por abordagem estruturada na gestão de projetos, são os seguintes pontos (MEREDITH; MANTEL, 2000, p. 1):

- a enorme expansão do conhecimento humano;
- o crescimento da demanda por uma gama de produtos e serviços cada vez mais complexos e sofisticados;
- a evolução dos mercados competitivos para produção e consumo de serviços e produtos.

Os três elementos demandam uma abordagem que proporciona a solução de problemas às organizações, aumentando a eficiência de suas atividades, viabilizando o lançamento de novos produtos e a gestão de outros já tradicionais e mesmo de novas entidades que possam oferecer tais produtos. Sem dispor de ferramentas que permitam atender à demanda de maneira otimizadora, a entidade não consegue suportar com eficiência e competitividade o peso dos gastos e acaba por reduzir as chances de sua sustentabilidade no longo prazo. Em um mundo globalizado e competitivo, esse quesito é chave para o interesse em uma abordagem mais sistematizada e organizada de tratar os projetos de investimento das organizações. De maneira sintética, dentre vários outros, os benefícios de se tratar os projetos de maneira estruturada são:

- gerar condições para que os gestores do projeto passem a ser responsáveis pelo cliente e sua demanda;
- identificação dos problemas e correção oportuna;

- possibilidade de tomar decisões sobre objetivos conflitantes;
- assegurar que os objetivos sejam atingidos.

Adicionalmente, cada vez mais, a grande oportunidade das organizações passa a ser percebida na área do conhecimento e do seu capital intelectual e menos percebida nas questões mais tangíveis das entidades. Esse aspecto faz com que a manutenção do conhecimento internamente à entidade seja uma demanda importante e crítica para o crescimento dos negócios. De qualquer forma, mesmo as entidades sem finalidades lucrativas demandam a estruturação de projetos, até porque os recursos requeridos são excessivamente escassos e a sua utilização é ainda mais complexa do que aquela desenvolvida pelas entidades com fins lucrativos.

1.3 Diferenciações de tipos de projetos

Como se pôde perceber na seção 1.1 e será revisto no Capítulo 2, o projeto em uma entidade representa uma parte do processo de planejamento. Dessa maneira, como as demais etapas do mesmo, a sua estruturação e formalização dependem de decisões dos gestores, já que não são atividades derivadas de legislação e regulamentos, mas da percepção de que o custo-benefício da sua existência é favorável à entidade. Dessa maneira, é importante que os gestores entendam qual o benefício dessa estruturação e decidam qual é a intensidade da formalização desejada.

Em quais circunstâncias deveria ser pensada a abordagem estruturada e formalizada de um projeto de investimento? Sempre que as ações decorrentes da decisão forem complexas, com impacto significativo na vida da entidade, quando envolver agentes variados, quando o impacto da decisão tiver uma dinâmica de longo prazo, quando os recursos para o financiamento do projeto forem escassos e custosos etc. Resumindo, existem inúmeros fatores que demandam a abordagem estruturada de projetos de investimento, não só para permitir que o acompanhamento seja feito, mas também para poder otimizar os recursos, tanto prevendo a sua utilização nos momentos mais adequados, como previamente discutindo as melhores fontes e alternativas de obtenção, por exemplo.

Uma das formas de discutir a necessidade e intensidade de se estruturar um projeto de investimento nas entidades é considerar os diferentes tipos de projetos que podem ser encontrados. Uma única forma de categorizar os projetos é inviável em decorrência das diferentes perspectivas que os gestores têm do tema. Em algumas organizações, o projeto aparece em decorrência da necessidade de acompanhar o lançamento de um novo produto, projeto esse que surge em decorrência do processo de planejamento estratégico da entidade. Como consequência, tal projeto tem características em termos de montagem, acompanhamento, necessidade de informações, perspectivas de aprovação etc. Muito provavelmente, um projeto que tem por objetivo acompanhar a desativação de uma unidade fabril, depois de sua decisão, tem outra abordagem, sendo percebido de maneira diferente.

A tipificação de projeto pode ser de extrema utilidade não só no entendimento da demanda que o mesmo tem, mas também para que o seu tratamento e cuidado possam ser percebidos e administrados pelos gestores da entidade. Os vários tipos de classificação podem conviver de maneira produtiva ao longo da história do projeto dentro da organização. Dessa maneira, sem que haja pretensão de esgotar o assunto, algumas possíveis classificações podem ser oferecidas:

- Tipo de porte: grandes projetos e projetos de pouca monta.

    Esse tipo de classificação tem a ver com a maneira como a entidade percebe o limite de alçada.

- Tipo de funcionalidade: introdução de produto, melhoria da qualidade, substituição de equipamentos, desenvolvimento de tecnologia, expansão de capacidade instalada, benefícios aos funcionários etc.

    Esse tipo de classificação proporciona aos tomadores de decisão condições de estabelecer prioridades no momento da deliberação sobre implementação dos vários projetos de investimento. A prioridade definida pelos gestores deve ser própria da organização e decorre da visão de mundo, cultura, enfim, perspectivas dos tomadores de decisão perante o futuro da entidade. Em dado momento, uma entidade pode, numa situação de restrição de recursos, decidir postergar dado projeto de substituição de equipamentos e móveis, mas não executar um projeto de expansão, por perceber que suas atividades de longo prazo seriam afetadas por essa decisão limitativa.

- Tipo de recursos: tangíveis e intangíveis.

    A discussão sobre o que se caracteriza como tangível e intangível passa por uma série de considerações. Um *software*, por exemplo, é um intangível, mas de maior controlabilidade, por exemplo, do que um treinamento desenvolvido. Uma vez desenvolvido o treinamento, o desligamento dos funcionários beneficiados extingue o benefício do projeto, enquanto que o *software*, se não for exclusivo, poderá ser utilizado por outrem.

    Esse tipo de classificação tem implicações em termos de risco e volatilidade dos recursos envolvidos no projeto. Um projeto de treinamento de longo prazo numa entidade é um tipo de projeto com alta ênfase em recursos intangíveis, no caso referindo-se ao capital intelectual. Seu benefício pode ser exclusivamente intangível (conhecimento obtido e mantido dentro da organização) ou, adicionalmente, algo tangível (novo produto, um novo alimento, por exemplo). Nessas condições, o gerenciamento do benefício pode ser extremamente qualitativo e isso deve ser percebido pelos gestores no sentido do seu acompanhamento.

Um projeto que decida sobre a aquisição de uma nova máquina ou a terceirização de uma atividade operacional, por sua vez, já se caracteriza pela disponibilidade de ativos que têm vida útil de longo prazo e a própria existência física dos recursos que torna o controle mais simplificado e pragmático.

- Tipo de impacto: implementação ou "como"

    Alguns projetos são desenvolvidos para se estabelecer a melhor forma de implementar dada decisão. Isso ocorre em ações que a entidade tem que desenvolver, mas sem saber qual a maneira mais adequada. Uma empresa de táxis que precise substituir seus carros pode precisar de um projeto apenas para decidir se compra, faz *leasing* ou locação dos mesmos. A decisão de troca do equipamento já está tomada, mas a maneira como fazer essa troca pode ser otimizada, proporcionando mais benefícios para a organização; pode parecer um projeto menos complexo ou relevante do ponto de vista estratégico, mas não deixa de ser relevante também.

- Tipo de relacionamento: interdependentes ou independentes

    Este tipo de classificação terá maior importância à medida que os gestores não desenvolverem claramente os limites de um projeto e quando a aglutinação não for clara para esses gestores. Dessa maneira, um projeto se relaciona com a implementação de um ERP de terceira geração, mas é dividido em três projetos: um tratando o *software*, outro o *hardware* e o terceiro tratando da infraestrutura necessária para o projeto se desenvolver adequadamente. Os três projetos são visivelmente interdependentes e, caso exista algum atraso no desenvolvimento de um deles, os demais serão afetados, tanto em termos de prazo como de retorno.

1.4 Composição dos projetos

A estruturação de projetos exige que sejam definidas as unidades de atividade, e isso passa a ser importante para o projeto como um todo e o seu convívio com outros projetos dentro de uma carteira de investimentos. Com isso, o detalhamento de um projeto deve ser constituído a partir da unidade mínima percebida pelos gestores do projeto, que se denomina **tarefa**. A tarefa é uma ação que traz consequências para o projeto. Um grupo de ações relacionadas proporciona uma **atividade**, que por sua vez gera o **projeto**. Vários projetos afins são organizados dentro de um **programa**. Essa hierarquia de composição permite à entidade orientar e organizar seus projetos. Em um projeto que envolva a instalação de um equipamento, poderia ser encontrado:

> Tarefa 1: identificação do equipamento
>
> Tarefa 2: escolha do equipamento
>
> Tarefa 3: recebimento e instalação do equipamento etc.
>
> Atividade: disponibilizar equipamento para aumento da capacidade instalada etc.
>
> Projeto de aumento de capacidade instalada etc.
>
> Programa de modernização de plantas de vários *sites*.

Uma vez identificadas as tarefas, a sequência deve ser definida a partir do pré-requisito de cada uma. Em outras palavras, o estruturador do projeto deve identificar o que é necessário para que a tarefa possa ser desenvolvida. Uma vez estabelecida, permite entender e desenvolver o caminho crítico do projeto.

Alguns recursos podem tornar o gerenciamento de um projeto algo relativamente mais organizado do que ocorreria com a sua ausência. Nesse sentido, o conjunto de ferramentas que pode ser utilizado para desenvolver o projeto é bastante heterogêneo, sendo que algumas podem ser utilizadas para todo o ciclo do mesmo ou até em conjunto. Do ponto de vista deste livro, a perspectiva deste item é apresentar as possibilidades de utilização, deixando por conta do leitor a decisão de identificar o custo/benefício da alternativa. Dentre as várias ferramentas, podem ser mencionados vários tipos de classificação:

- *Softwares* **de projeção e acompanhamento de projetos**

Podem proporcionar uma grande facilidade na estruturação de projetos, já que podem identificar as tarefas, pré-requisitos, recursos, impacto financeiro, apresentar o GANTT, PERT/CPM etc. O fato de permitirem a montagem do projeto e o seu acompanhamento permite a flexibilização para o acompanhamento e ajustes que se façam necessários.

Um exemplo de relatório produzido por um *software* de projetos é disponibilizado na Ilustração 1.1.

ID	O	Task Name	Duration	Start	Finish	Resource Names
1		INICIAR	5 days	Fri 2/2/07	Thu 8/2/07	
2		INICIO	5 days	Fri 2/2/07	Thu 8/2/07	
3		CICLO CONCEITUAL	12 days?	Fri 2/2/07	Mon 19/2/07	
4		TORNAR CLARA A MISSÃO DO PROJETO	3 days	Fri 2/2/07	Tue 6/2/07	
5		DETALHAMENTO DA MISSÃO	3 days	Wed 7/2/07	Fri 9/2/07	
6		ESTABELECIMENTO DE CRONOGRAMA	6 days	Mon 12/2/07	Mon 19/2/07	
7		DEFINIR AS ATIVIDADES	3 days	Mon 12/2/07	Wed 14/2/07	
8		SEQÜENCIAR ATIVIDADES	3 days	Thu 15/2/07	Mon 19/2/07	
9		ESTIMAR DURAÇÃO ATIVIDADE	2 days	Thu 15/2/07	Fri 16/2/07	
10		PLANEJAMENTO DE RECURSOS	3 days	Mon 12/2/07	Wed 14/2/07	
11		ESTIMAR GASTOS/RECEITAS	1 day	Thu 15/2/07	Thu 15/2/07	
12		CUSTO DE OPORTUNIDADE DO PROJETO	1 day?	Fri 2/2/07	Fri 2/2/07	
13		MÉTODOS DE AVALIAÇÃO DE INVESTIMENTOS	1 day?	Fri 2/2/07	Fri 2/2/07	
14		ANÁLISE ECONÔMICO-FINANCEIRA	1 day?	Fri 2/2/07	Fri 2/2/07	
15		PROPOSTA DE PROJETO	1 day?	Fri 2/2/07	Fri 2/2/07	
16		SELEÇÃO	1 day?	Fri 18/1/02	Fri 18/1/02	
17		CICLO DE PLANEJAMENTO	29 days	Mon 12/2/07	Thu 22/3/07	
18		PLANEJAMENTO DA GERÊNCIA DE RISCO	3 days	Mon 12/2/07	Wed 14/2/07	
19		DESENVOLVER PRAZOS	1 day	Thu 15/2/07	Thu 15/2/07	
20		PLANEJAR QUALIDADE	1 day	Fri 16/2/07	Fri 16/2/07	
21		PLANEJAMENTO ORGANIZACIONAL	2 days	Mon 19/2/07	Tue 20/2/07	
22		OBTENÇÃO DA EQUIPE	2 days	Wed 21/2/07	Thu 22/2/07	
23		PLANEJAMENTO DE COMUNICAÇÃO	2 days	Fri 23/2/07	Mon 26/2/07	
24		IDENTIFICAÇÃO DE RISCO	2 days	Tue 27/2/07	Wed 28/2/07	
25		PLANEJAMENTO DE RESPOSTA AO RISCO	5 days	Thu 1/3/07	Wed 7/3/07	
26		PLANEJAMENTO DE AQUISIÇÃO	4 days	Thu 8/3/07	Tue 13/3/07	
27		PLANEJAMENTO DE PROPOSTAS	4 days	Wed 14/3/07	Mon 19/3/07	
28		PLANEJAMENTO DE COMUNICAÇÃO	2 days	Tue 20/3/07	Wed 21/3/07	
29		DESENVOLVIMENTO DO PLANO DO PROJETO	1 day	Thu 22/3/07	Thu 22/3/07	
30		IMPLEMENTAÇÃO	40 days	Fri 2/2/07	Thu 29/3/07	
31		EXECUÇÃO DO PROJETO	40 days	Fri 2/2/07	Thu 29/3/07	
32		DESENVOLVER EQUIPE	15 days	Fri 2/2/07	Thu 22/2/07	
33		PROPOSTAS	15 days	Fri 2/2/07	Thu 22/2/07	
34		SELECIONAR FONTES	20 days	Fri 23/2/07	Thu 29/3/07	
35		ADMINISTRAR CONTRATOS	5 days	Fri 23/3/07	Thu 29/3/07	
36		DISTRIBUIR INFORMAÇÃO	5 days	Fri 23/3/07	Thu 29/3/07	
37		CONTROLE DO TRIPÉ	15 days	Fri 2/2/07	Thu 22/2/07	
38		PÓS-IMPLEMENTAÇÃO	40 days	Fri 18/1/02	Thu 14/3/02	
39		REPORTAR PERFOMANCE	5 days	Fri 18/1/02	Thu 24/1/02	
40		CONTROLE DE MUNDAÇA INTEGRADA	5 days	Fri 25/1/02	Thu 31/1/02	
41		VERIFICAR ESCOPO	5 days	Fri 18/1/02	Thu 24/1/02	
42		CONTROLE DE MUDANÇA DE ESCOPO	30 days	Fri 25/1/02	Thu 7/3/02	
43		CONTROLE DE PRAZO	5 days	Fri 8/3/02	Thu 14/3/02	
44		CONTROLE DE GASTOS / RECEITAS	5 days	Fri 18/1/02	Thu 24/1/02	
45		CONTROLE DE QUALIDADE	5 days	Fri 25/1/02	Thu 31/1/02	
46		MONITORAR E CONTROLAR O RISCO	3 days	Fri 1/2/02	Tue 5/2/02	
47		ENCERRAMENTO DO PROJETO	26 days	Fri 23/3/07	Fri 27/4/07	

Ilustração 1.1 *Exemplo de organização de cronograma de projetos por meio de software.*

- **Ferramentas de organização de** *schedules*

Dentre as várias opções, destacam-se:

1. **GANTT**

A ferramenta foi desenvolvida por volta de 1917 por Henry Gantt, um verdadeiro pioneiro da administração científica. Trata-se de um tipo de mapa que permite apresentar a situação prevista e realizada das atividades numa escala horizontal. Suas principais vantagens são: (i) facilidade de entendimento visual, (ii) facilidade de montagem.

2. **PERT (***Program Evaluation and Review Technique***)**

Foi desenvolvido pela marinha americana em cooperação com a Booz-Allen Hamilton e a Lockheed para o projeto Polaris em 1958. Foi utilizado em projetos de pesquisa e desenvolvimento. Originariamente o foco principal da ferramenta era orientado para o tempo do tripé de *trade-offs*, focando a probabilidade de atendimento do cronograma do projeto.

3. CPM

Foi desenvolvido pela DuPont, ao final dos anos 50, para projetos envolvendo principalmente construção civil e indústria farmacêutica. É similar ao PERT em muitos sentidos, mas muitos autores simplesmente ignoram as diferenças. Ambos projetos identificam o caminho crítico. O CPM usa o tempo como uma abordagem determinística e tem por objetivo controlar tanto o tempo como o custo e as perspectivas de *trade-offs*.

- **Ferramentas de acompanhamento do tripé**

O acompanhamento de um projeto deveria ter o foco nos diferentes elementos do tripé. A especificação é aquela que pode demandar aspectos mais subjetivos; entretanto, é muito comum que o gasto seja o item mais facilmente identificado e possa ser rastreado de maneira objetiva. Por sua vez, o tempo também pode ser acompanhado, mas ambos elementos requerem diferentes informações para que possam ser monitorados. Quando se acompanham os gastos, a comparação imediata é o gasto orçado *versus* o gasto realizado. O acompanhamento do gasto isoladamente é composto por inúmeras variáveis que, não segmentadas, podem induzir o gestor a um entendimento inadequado.

1.5 *Trade-off* do tripé

Um projeto sempre vai gerar algum tipo de impacto que, ao nos referirmos à abordagem econômica, tratamos como seu desempenho, muitas vezes claramente referido como retorno. Isso significa que o projeto deve gerar algum tipo de impacto, que seja possível a sua mensuração econômica relativamente acurada ou não. De maneira geral, esse desempenho não é simples de ser entendido e capturado pela organização, principalmente quando se trata de questões mais qualitativas a resolver, mas deve estar presente na gestão das entidades.

A preocupação com o produto do projeto deve ser antecedida pela percepção de equilíbrio entre os elementos do tripé de *trade-off*. Trata-se de especificar elementos que podem ser dimensionados em decorrência das necessidades da empresa, sendo que deveriam ser ajustados a partir da perspectiva dos gestores.

Os elementos do tripé são: a **especificação**, o **tempo** e o **gasto** (comumente denominado apenas de custo, um dos tipos de gasto).

De maneira exemplificativa, isso significa que uma entidade que deseja desenvolver um dado projeto deve ter clareza do que deseja em termo de **especificação** do projeto. Que tipo de benefício ele deveria gerar? Um projeto de uma nova Santa Casa de Misericórdia, por exemplo, deveria ser capaz de erradicar doenças, prover condições de evitar outras e também reduzir as existentes. O grau de realidade dos objetivos é fundamental para o desenvolvimento de um projeto de maneira madura e consciente. De alguma maneira devem existir alguns tipos de métricas para permitir identificar os aspectos de especificação que deseja-se atingir e mensurar posteriormente. Caso isso não ocorra, qualquer tipo de desempenho será aceito ou, no sentido contrário, qualquer tipo de desempenho poderá não ser aceito.

Em relação ao **tempo**, um ingrediente que pode passar subavaliado em outra análise que não a financeira proporciona grande impacto sobre o retorno financeiro. Um gestor de projeto de Tecnologia de Informação que considere que deve prover retorno financeiro e não apenas suporte operacional para a entidade, caso haja um atraso de três meses na implementação do projeto, pode não perceber que esse espaço de tempo pode ter impedido o retorno desejado. O tempo é transformado em dimensão econômica à medida que alguma taxa de custo de oportunidade possa ser utilizada. Isoladamente, a variável "tempo" não permite análise por meio de métrica que permita entender o projeto como um todo.

O **gasto** é, em condições normais, o ingrediente mais imediatamente visível no acompanhamento de um projeto e é o contraponto da entrada de recursos. Corresponde aos recursos monetariamente mensuáveis pela entidade que devem ser remunerados. Caso isso não ocorra, haverá uma descapitalização da entidade e correspondente perda de valor. Vários autores, no lugar da palavra *gasto* utilizam a palavra *custo*. Neste livro, a palavra *gasto*, por ser mais abrangente, foi a opção escolhida. No Capítulo 4, mais detalhes deste tema serão tratados.

O que pode ser percebido é que os ingredientes do tripé podem ter importâncias e tolerâncias de controle distintas para diferentes projetos. Mais do que isso, um mesmo projeto, em suas várias fases, pode ter diferentes tolerâncias em termos do que atingir ou flexibilizar os elementos do tripé. Dessa maneira, é relevante que os gestores tenham consciência disso. Pode existir um projeto de baixo investimento e relativa simplicidade de especificação, mas com uma data-limite inflexível em termos de implementação. Pode também existir um projeto que permita uma razoável flexibilidade no prazo dessa implementação e tolerância em termos de especificação, mas com restrição orçamentária intransponível. Da mesma maneira, pode existir um projeto em que a especificação seja a mais rígida possível e o tempo e os gastos possam ser flexibilizados. De forma geral, num mundo dinâmico e competitivo como o que habitamos, os três elementos do tripé costumam ser muito demandados e cabe aos gestores dos projetos identificar, interpretar e gerenciar as possibilidades de ajustes de *trade-offs* para proporcionar o sucesso dos projetos de investimentos.

Em termos de gestão dos projetos, a percepção das tolerâncias, em relação aos elementos do tripé, é valiosa. Imaginando-se um projeto de desenvolvimento de novo produto para cura de uma doença, pretende-se:

- especificação: erradicar a doença de dado local;
- tempo: 5 anos;
- gasto: $ 2 milhões.

Para viabilizar o projeto, face à restrição orçamentária, pode ser razoável baixar a especificação de 100% de benefícios para 70% dos casos, dadas as suas peculiaridades. Com isso, os gastos são reduzidos para $ 1 milhão dentro do horizonte de 5 anos. Ainda tendo dificuldades com o orçamento, foi aceita uma flexibilização no tempo para um horizonte de 10 anos, mantendo a erradicação dessa doença, tendo caído a demanda por recursos para $ 500 mil. Como se pode perceber, as opções são várias e deveriam ser decididas pelos gestores e não ocorrer como consequência da inatividade dos mesmos.

1.6 Questões de múltipla escolha sobre o tema 1

1. Ao se conceituar **projeto**, algumas características são evidenciadas, exceto:
   (a) Ter começo, meio e fim.
   (b) Ser dirigido por pessoas.
   (c) Consistir em empreendimento com prazo indefinido.
   (d) Consistir em empreendimento.

2. O *trade-off* de elementos de projetos corresponde:
   (a) À composição de recursos financeiros de um projeto.
   (b) À troca e reequilíbrio entre os três elementos dos projetos.
   (c) À comercialização proporcionada pelos projetos.
   (d) Nenhuma das alternativas anteriores.

3. O *trade-off* dos três elementos (Dinsmore) considera:
   (a) Tempo, qualidade e custo.
   (b) Qualidade, pessoas e tempo.
   (c) Quantidade, receitas e tempo.
   (d) Todas as anteriores.

4. Os benefícios da gestão estruturada de projetos são os seguintes, exceto:
   (a) Identificação dos problemas e correção oportuna.
   (b) Tomar decisões sobre objetivos conflitantes.
   (c) Assegurar que objetivos sejam atingidos.
   (d) Nenhuma das anteriores.

5. A classificação de projetos de investimento em diferentes perspectivas deve proporcionar aos gestores, exceto:
   (a) Uma perspectiva de análise de fatores importantes à organização na decisão de investimentos.
   (b) Evitar o erro na seleção de projetos.
   (c) Maior rapidez no processo decisório interno.
   (d) Melhor entendimento coletivo do que o projeto significa para a entidade.

6. O início do projeto, conceitualmente, exige:
   (a) Definição do objetivo do projeto, análise econômica e conteúdo.
   (b) Definição do objetivo do projeto, estrutura do projeto e definição dos controles.
   (c) Definição dos controles a aplicar, financiamento do projeto e definição do seu objetivo.
   (d) Todas as anteriores.

7. Um grupo de projetos corresponde a um:
   (a) Grupo de tarefas.
   (b) Programa.
   (c) Grupo de atividades.
   (d) Plano.

8. Alguns tipos de classificação de projetos podem ser mencionados, dentre as inúmeras abordagens, exceto:
   (a) Projetos de grande e de pequeno porte.
   (b) Projetos de interesse e de pouco interesse.
   (c) Projetos de substituição de equipamentos, projetos de melhoria da qualidade, projetos de benefícios a funcionários.
   (d) Projetos de recursos tangíveis e intangíveis.

1.7 Exercício 1: Cadê a aderência?

1 Enunciado

A vida do pequeno empresário não é fácil mesmo! Levantar cedo, correr atrás de clientes, fazer o planejamento fiscal, enfim, a vida de empregado era mais simples. Bom, mas há outras coisas a considerar, como por exemplo... a liberdade de decidir que direção tomar. É assim mesmo: poder investir onde quiser, não ter que se restringir a opções pouco criativas. Isso deveria ser o suficiente para motivar um profissional. Mas a incerteza de Paulo era muito maior. No momento, várias alternativas de decisão eram apresentadas e a dúvida permanecia. Paulo sabia que, como principal executivo da empresa, deveria liderar esse processo, mas tinha uma dúvida vital: deveria aprovar o projeto com maior retorno, simplesmente porque tinha o maior retorno? Mesmo que não fosse um projeto relacionado com a visão de longo prazo da empresa?

Essa dúvida era muito razoável e mesmo normal. Afinal, a empresa CompBestpontocom, fundada na década de 80 por dois estudantes recém-formados, teve muita dificuldade para sobreviver nos primeiros anos de sua existência. Contudo, paulatinamente, seu crescimento se tornou consistente e estruturado. No início, a ideia era atender os amigos, montando os micros de que eles precisassem, a partir da importação de componentes, na garagem da namorada de um deles. Com o passar do tempo, com o boca a boca sendo desenvolvido, a empresa foi criando personalidade própria e se transformou numa entidade jurídica, de fato, em meados dos anos 90, com a ocorrência do Plano Real.

A montagem de computadores se tornou uma coisa simples, sem grandes segredos, mesmo para os menos privilegiados. A procura por nichos de mercado fez com que a empresa identificasse várias alternativas de investimento que foram caracterizadas como A, B, C, D, E e F. Tais alternativas não são mutuamente exclusivas, mas existe um limite para o montante de recursos disponíveis (considerando o capital próprio e de terceiros, no máximo $ 1,5 milhão, a um custo ponderado de 20% a.a.), o que faz com que a empresa se preocupe em analisar rigorosamente o retorno proporcionado. No que se refere à caracterização dos projetos, temos o seguinte:

- A) compra de novos equipamentos para **desenvolvimento de um novo produto X**.
- B) Compra de parte de participação de uma empresa para **incluir o produto Z**, que interessa à empresa e já está disponível para ser adquirida, no portfólio.
- C) Compra de equipamentos para atuar em **nicho de produto U, a ser desenvolvido junto com o cliente**.

D) Compra de equipamentos e aumento de equipe para **aumento da capacidade de atendimento de um produto T** já existente na empresa.
E) Criação de uma nova empresa para **aumentar a capacidade de prestação de serviços de Y e, depois de três anos, ser vendida.**
F) Frota de veículos para a diretoria.

A diretoria da empresa estava discutindo a importância dos projetos acima e alguém questionou se eles teriam ADERÊNCIA ESTRATÉGICA e qual seria sua intensidade. Nesse momento, a reunião foi encerrada e pediram para você fazer a lição de casa.

2 Questões

1. O que significa essa aderência estratégica?
2. Qual a importância disso?
3. Como tratar esse assunto em termos de formatação/formalização?
4. E aí? Os projetos acima (A-F) têm ou não aderência estratégica? Alguns têm mais aderência que outros?

Observação: os alunos podem assumir premissas para as questões que considerem importantes e que não tenham sido explicitadas. Única exigência: devem deixar claras essas premissas.

1.8 Roteiro de estruturação e análise de projeto – etapa 1

O objetivo desta atividade é trazer para a sua realidade os conceitos apresentados no material de apoio e literatura. Consiste em oito etapas que devem ser desenvolvidas paulatinamente, com o desenrolar do curso.

Ao final, como parte da sua avaliação no curso, o projeto deverá ser apresentado, sendo que são compulsórios os quesitos abaixo:

1. título do projeto;
2. descrição do projeto;
3. benefícios do projeto;
4. cronograma de desenvolvimento (tarefas, com pré-requisitos em sequência), identificando os momentos de impacto no fluxo de caixa;
5. análise e argumentação sobre a aderência estratégica do projeto;

6. gastos incorridos para o desenvolvimento do projeto, separando o que é investimento, custo e despesa;
7. projeção do fluxo de caixa;
8. análise econômico-financeira, demonstrando:
    - apuração de métricas: *payback* ajustado, TIR, TIR ajustada, VAL e índice de lucratividade;
    - simulações de algumas variáveis (ao menos duas simulações);
    - análise dos resultados;
    - recomendações com argumentos para tal (aceitação ou não).

Como recomendação, o projeto pode ser avaliado a partir da seguinte abordagem:

Descrição	Critério	% de ponderação
Conter os quesitos 1-8	0 ou 10	15%
Complexidade do projeto (grande, média e pequena)	Grande 10 Média 9 Pequena 8	20%
Coerência do projeto como um todo	De 0 a10	10%
Qualidade e profundidade da análise	De 0 a 10	40%
Prazo (cada dia de atraso, 1 ponto a menos)	De 0 a 10	15%

As etapas para a montagem do projeto são:

Etapa 1: Introdução

A partir da sua experiência, identifique os tipos de projetos com os quais convive, aqueles que têm mais interesse. Dentre eles, escolha um projeto que considere interessante e adequado para seu grupo. Será o projeto do grupo durante todo o curso, sendo desenvolvido a partir do composto conceitual que é apresentado.

Em tese, pode ser qualquer tipo de projeto: um novo produto, um novo equipamento, um novo sistema de controle etc. O grande desafio neste sentido é adequar um projeto complexo e tratá-lo de maneira simplificada, tanto quanto um projeto simples, mas que possa ser tratado de maneira abrangente. De qualquer forma, o professor vai ajudá-lo. Ajustes são permitidos ao longo da montagem...

As atividades requeridas nesta etapa são as seguintes:

- leitura do texto do material de apoio;
- solução das questões de múltipla escolha referentes a este tema;
- escolha de um projeto para o seu grupo;
- especificação dos seguintes elementos:
  Título
  Descrição
  Benefícios que o projeto deveria proporcionar
  Tipos de recursos consumidos
  Atividades necessárias (macro, no máximo 5-6)

2

Relacionamento do Projeto com o Plano de Negócios

Objetivos de aprendizagem

1. Conceituar o processo de planejamento estratégico e tático, o plano de investimentos e a aderência estratégica de um projeto.
2. Mostrar a ligação entre os projetos e o planejamento da empresa.
3. Sensibilizar o leitor sobre problemas causados por aceitar a implementação de um projeto, sem que ele tenha aderência estratégica.
4. Sensibilizar o leitor sobre problemas causados por não dispor de um modelo formal de projeto.

Tópicos tratados

2.1 Visão de retorno da organização
2.2 O processo de planejamento estruturado de uma organização
2.3 Plano de investimentos: horizonte e relacionamento
2.4 Alinhamento entre planos estratégico e tático
2.5 A aderência estratégica dos projetos
2.6 Questões de múltipla escolha sobre o tema 2
2.7 Exercício 2: Identificação das etapas
2.8 Roteiro de estruturação e análise de projeto – etapa 2

Questões provocativas

1. O que significa alinhamento entre o plano estratégico e o plano tático?
2. Qual a relação entre o projeto e o planejamento formal da entidade?
3. Em que momento o projeto deveria ser decidido no processo de elaboração (planejamento estratégico ou orçamento)?
4. O que é a aderência estratégica de um projeto e como evidenciá-la?
5. Como podem ser estruturados os projetos de investimento?

Bibliografia complementar

ACKOFF, R.; FINNEL, R. V.; GHARAJEDAGHI, J. et al. *A guide to controtivas nova coporations futura*. New York: John Wiley, 1984.

FREZATTI, F. *Orçamento empresarial*: planejamento e controle gerencial. 4. ed. São Paulo: Atlas, 2007.

STEINER, G. A. *Strategic planning*: what every manager must know. New York: Free Press, 1979.

2.1 Visão de retorno da organização

As organizações desenvolvem suas atividades de maneira contínua e sua rotina de trabalho ocorre consumindo recursos normalmente escassos. De alguma maneira, as entidades com fins lucrativos desejam auferir resultado positivo em suas operações, o que deveria gerar base para retorno aos seus acionistas. O retorno, distribuído ou não aos acionistas, consiste em preocupação fundamental, embora não única, dos gestores em relação aos acionistas.

As atividades já consideradas como rotineiras, aquelas que fazem parte do domínio da organização, proporcionam foco em termos de otimizacão de sua ocorrência, sendo esse o fator mais importante. Por sua vez, mudanças implicam em rupturas com novos processos, produtos, estruturas e mesmo entidades, as quais são necessárias para que a sustentabilidade da organização seja proporcionada ao longo da vida da organização. Qualquer tipo de ruptura, para ser implementada, exige recursos, sejam eles monetários, humanos, materiais, tecnológicos etc. Se isso é verdade, o financiamento para tais recursos faz parte da gestão das organizações, o que implica que, ao disponibilizar os recursos, a entidade tem impacto no seu risco financeiro, tanto pela captação como pelo potencial futuro de devolver o financiamento e seu custo de financiamento.

Os gestores, ao alocar recursos, devem ter a consciência de que qualquer tipo de recurso obtido tem um custo e, caso não proporcionem retorno, estarão descapitalizando a entidade, já que ela vai ter que remunerar os financiadores em algum momento. Essa perspectiva requer acompanhamento estruturado para que cada ruptura, apresentada sob a forma de um projeto de investimento, seja acompanhada e o nível de retorno seja também controlado. Significa dizer que a entidade precisa definir o que aceita em termos de retorno dos seus vários tipos de projetos e mesmo, quando for o caso, o quanto suporta em termos de investimentos que não proporcionem retorno adequado, se for o caso. Numa situação operacional, as entidades acabam gerenciando seus projetos pela visão de carteira e alguns projetos sem retorno são compensados por outros, mais geradores de recursos.

Em condições conceitualmente adequadas, as rupturas normalmente são identificadas e tratadas na organização, a partir do desenvolvimento do processo formal de planejamento da mesma, que pode ser composto por uma etapa estratégica e outra tática, podendo ser cíclico e aprofundado etc. Tais rupturas são incorporadas à organização por meio dos projetos de investimentos, ou seja, são ferramentas de planejamento que deveriam ter harmonia entre si, proporcionando direcionamento para as atividades dos gestores. Tais projetos deveriam ser acompanhados durante todo o seu ciclo, até o momento da recuperação do investimento e o retorno ao investidor.

2.2 O processo de planejamento estruturado de uma organização

O termo *controle* tem sido utilizado de maneira enfática, pois, na verdade, o que se pretende no universo empresarial é garantir que decisões tomadas realmente ocorram (FREZATTI, 2007). Ele está inserido no conceito de gestão das organizações que considera os três diferentes elementos: o planejamento, a execução e o controle. O que se pretende considerar é que cada organização interprete e defina a ênfase desejada para o planejamento e o controle dos seus negócios e isso pode ser observado pelo tempo dedicado a sua discussão, investimentos feitos e, mesmo, preocupação qualitativa quanto aos profissionais alocados para uma ou outra atividade. Ela precisa definir quanto de planejamento deseja estruturar e organizar e como deveria ser formalizado. Em termos gerais, considera-se que, quanto mais o profissional sobe na estrutura organizacional, maior o seu esforço despendido para planejamento dos negócios. Essa visão está ligada à questão decisória, ou seja, quanto mais alto o nível da pirâmide, maior será o tempo dedicado às decisões. Por sua vez, em função do enfoque de administração por exceção, quando algo decidido não ocorre da maneira como planejado, o sistema gerencial apura e indica a sua ocorrência, magnitude, responsabilidade e dimensão temporal.

Das funções clássicas tratadas por Fayol, temos: organizar, formar equipe, dirigir, controlar e planejar. "Planejar" significa **decidir antecipadamente** (ACKOFF et al., 1984, p. 2). Decidir implica optar por uma alternativa de ação em detrimento de outras disponíveis, em função de preferências, disponibilidades, grau de aceitação do risco etc. Nessa visão, decidir antecipadamente constitui-se em **controlar o seu próprio futuro**. Essa é uma visão bastante proativa no que se refere ao processo de gestão de certa organização. Ansoff (1977, p. 4) considera que as empresas têm que tomar três tipos de decisões distintas: estratégicas, operacionais e administrativas.

Se por um lado não existe uma empresa sem algum nível de planejamento, por outro, o que se discute é (i) quanto de planejamento existe na organização em termos de estruturação e formalização, deixando de estar presente apenas na cabeça dos proprietários ou seus representantes diretos, (ii) qual o horizonte de tempo que esse planejamento estruturado abrange e (iii) qual o grau de participação a que os gestores são expostos. Já foi demonstrado que o perfil de investimento da entidade em ferramentas e apoio ao processo de planejamento tem algum nível de relacionamento contingente.

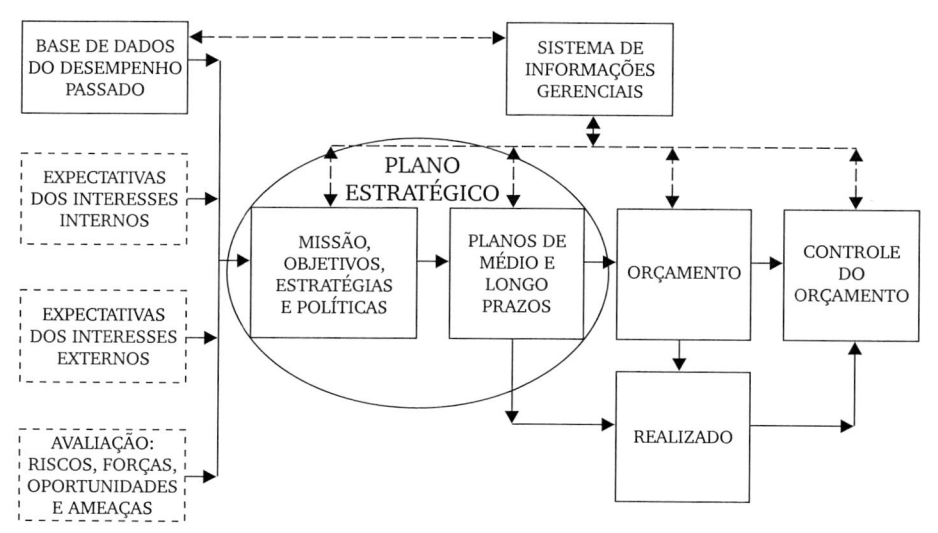

Fonte: Figura desenvolvida por Steiner (1979 : 17) e adaptada pelo autor (FREZATTI, 2007).

Figura 2.1 *Relacionamento entre os elementos no processo de planejamento de uma organização.*

Tendo em vista o interesse em proporcionar uma visão geral de um processo de planejamento formalizado, a Figura 2.1 (FREZATTI, 2007) apresenta o relacionamento entre os vários elementos do processo de planejamento estruturado de uma entidade:

- Certa base de dados existe na organização, possibilitando o resgate do desempenho passado. Tal base de dados pode ser estruturada e informatizada e estar pronta para ser usada quando requerida. Por si só, ela não permite atingir o objetivo do processo de planejamento mas, a partir dela, é possível o desenvolvimento do processo de planejamento. Sem ela não é possível entender o passado da entidade, nem projetar o futuro.

- As expectativas dos interesses externos pressionam os agentes internos. Dentre eles, os dos acionistas, dos clientes, da comunidade e do governo são os mais costumeiramente encontrados. Da parte dos acionistas, a expectativa pelo nível de retorno se faz presente. Do ponto de vista do governo, o interesse em incremento nas contribuições fiscais é apresentado. Do ponto de vista da comunidade e dos sindicatos, a preservação do emprego é exteriorizada como reivindicação e expectativas importantes.

- As expectativas dos interesses internos, ou seja, dos gestores, interagem com as pressões dos agentes externos. Os gestores têm pretensões monetárias, de carreiras e mesmo de poder, as quais, afetadas pelas pressões externas, proporcionam a definição de planos de negócios que tornem viável a perseguição de objetivos nem sempre harmônicos.

- Considerando-se que a visão de longo prazo deve preceder as ações de curto prazo, as questões estratégicas devem ser tratadas. Nesse sentido, missão (em alguns modelos, precedida pela visão), objetivos de longo prazo (caso a entidade adote o BSC, é aqui que ele seria inserido), estratégias, políticas e planos operacionais são definidos, revisados e ajustados periodicamente. Tal procedimento permite coerência de atitudes e consistência com o longo prazo.

- Uma vez definida a visão estratégica do negócio, é possível elaborar o orçamento para um exercício. Deve contemplar as ações decididas no plano estratégico. Na verdade, ele é o instrumento que implementa as decisões do plano estratégico dentro do horizonte temporal anual, estando a ele subordinado.

- Após a elaboração, análise, aprovação e divulgação do orçamento, o acompanhamento orçamentário deve se desenvolver. Analogamente ao orçamento, o controle orçamentário é a forma de se monitorar o plano estratégico da organização no que se refere à sua parcela de horizonte imediato. Serve para corrigir desvios e realimentar o seu processo de planejamento.

2.3 Plano de investimentos: horizonte e relacionamento

Consiste na etapa em que são consolidadas as decisões de investimentos da organização através do seu **orçamento de capital**, também conhecido como "plano de investimentos no ativo permanente". Não significa que os projetos só sejam elaborados quando da revisão do plano estratégico da empresa, mas que o referido plano é o ritual pelo qual são aprovados os projetos que a entidade deseja implementar. Ocorrem durante a montagem do plano estratégico, pois, caso o plano estratégico tenha sido desenvolvido de maneira estruturada, além das definições de visão, missão, objetivos e estratégias, os planos operacionais de longo prazo são elaborados e devem consolidar, refletir o resultado econômico e financeiro da entidade. Para tanto deveriam ser definidos: os investimentos em Ativo Permanente, decorrentes de projetos de investimentos para o longo prazo, Recursos Humanos, Pesquisa e Desenvolvimento.

O orçamento de capital (*capital budget*) contempla as propostas de projetos identificados, analisados e escolhidos dentre as várias opções de propostas de investimentos do Ativo Permanente da entidade. Em outras palavras, toda a análise de adequação financeira deve ser feita no planejamento estratégico, para que o momento do orçamento sirva apenas para a implementação de uma decisão já tomada. Caso isso não ocorra, o planejamento estratégico da entidade não terá contemplado toda a sua dimensão econômica, deixando de proporcionar referência para retorno e nível de financiamentos necessários, por exemplo, e deixará de ser uma fonte de estruturação do processo.

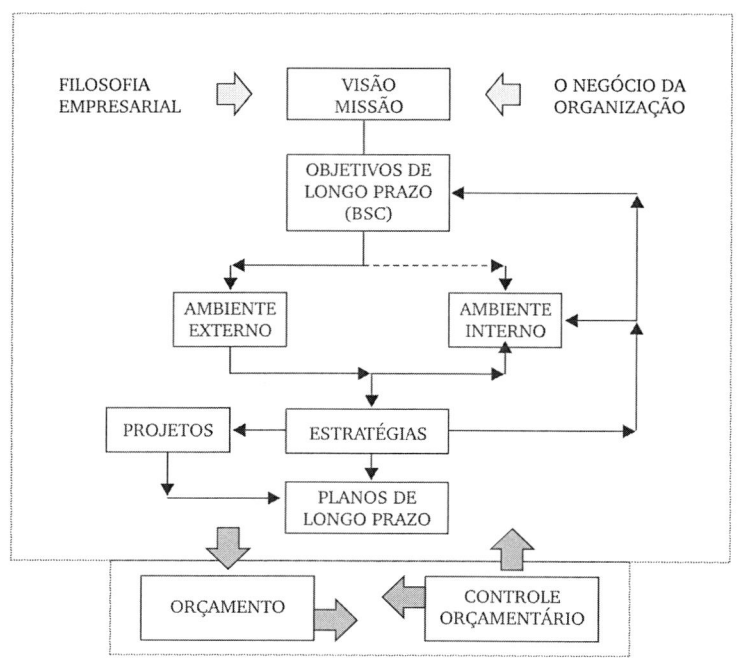

Fonte: Frezatti, 2007, p. 28.

Figura 2.2 *Elementos da visão estratégica do negócio.*

Essas propostas de projetos, além de explicitar algum nível de racionalidade para defender sua necessidade – análise financeira demonstrando o seu retorno –, devem ser estruturadas e agrupadas pelos seguintes argumentos:

- Projetos requeridos pelas operações, essenciais às mesmas para que os objetivos sejam atingidos. São os projetos realmente significativos para a entidade do ponto de vista de atingir seus objetivos estratégicos, e isso deve ser evidenciado tanto do ponto de vista quantitativo, como do qualitativo.
- Projetos requeridos por questões legais, para segurança, meio ambiente ou outros. O fato de serem compulsórios não significa que não devam ser tratados como outros projetos, expressando seus gastos e o impacto sobre criação ou destruição de valor. Na verdade, em muitos casos, devem dispor de um projeto para limitar e controlar gastos. É o que se pode fazer para minimizar as consequências de um investimento feito em decorrência de uma imposição externa.
- Não essenciais, mas geradores de resultados financeiros. Trata-se de oportunidades em que a aderência estratégica não parece ser grande, mas, por deliberação e com consciência disso, os gestores decidem investir em decorrência da sua visão de oportunidade e de evolução de negócios.

- Melhorias opcionais das condições da empresa. São os projetos entendidos como dotação para renovar ativos existentes e que, em decorrência de evolução tecnológica ou mesmo degradação física, necessitam ser repostos, sendo seus montantes relevantes. A sua característica principal pode ser a flexibilidade do momento de implementação, que pode ser postergado ou antecipado em decorrência de melhores condições financeiras ou de mercado.
- Outros projetos, de portes não destacados.

Em um sentido prático, é fundamental que os projetos aceitos para serem implementados no horizonte de planejamento do orçamento tenham alta aderência estratégica, significando, portanto, que eles decorrem, predominantemente, das opções estratégicas escolhidas para a entidade.

Dadas as suas características, os projetos de pesquisa e desenvolvimento se constituem em casos particulares de investimentos no Ativo Permanente. São gastos necessários para que novos produtos e serviços sejam gerados e o valor futuro da entidade seja aumentado. São constituídos por salários, energia, depreciação de equipamentos, insumos etc. Apresentam como característica o fato de que são investimentos feitos de maneira paulatina e a resultante desse investimento pode ou não gerar produto que venha a aumentar as receitas e o lucro, ou seja, o seu nível de incerteza pode ser grande. Uma vez lançado o produto, parcelas de tais gastos são apropriadas ao custo das vendas dos produtos gerados, em um horizonte de longo prazo. Nessas condições, uma avaliação de seu potencial de geração de riqueza deve ser feita para evitar que o seu tratamento contábil, registrando tais gastos no ativo, seja inadequado.

2.4 Alinhamento entre planos estratégico e tático

Uma vez que os projetos são aceitos dentro da carteira da empresa, passando pela aprovação do planejamento estratégico, devem ser incluídos no orçamento para ser implementados. Ao fazer isso, a entidade contempla todas as consequências em termos de financiamentos, amortizações e retornos monetários necessários à gestão da entidade. Por outro lado, caso esses cuidados não sejam tomados, a organização terá tomado decisões sem avaliar adequadamente o impacto sobre o seu resultado e, consequentemente, sobre o risco a ser incorrido por ela no horizonte de planejamento.

Em algumas organizações, dada a sua crença (ou falta dela), algumas das etapas de planejamento deixam de ser operacionalizadas, com consequências sobre o desenvolvimento do processo. De qualquer forma, dado que o processo de planejamento nada mais é do que um suporte aos gestores, o que realmente importa é a capacidade dos mesmos em utilizar as ferramentas, de maneira a aumentar a assertividade do processo de gestão e sua provável diminuição de risco. Quando os projetos, como um todo, são significativamente diferentes daqueles que foram aprovados no momento da montagem do planejamento estratégico, duas decisões devem ser tomadas: qual dos dois instrumentos deve ser revisto e quando?

2.5 A aderência estratégica dos projetos

"Aderência estratégica" é um termo que foi cunhado para explicitar o relacionamento de um dado projeto de investimento com o processo formal de planejamento. Em outras palavras, um projeto com alta aderência estratégica indica que foi desenvolvido para atender às estratégias do plano da entidade e está ligado à sua visão e missão e, consequentemente, consistente com a visão de negócios da mesma. Embora não seja percebida como uma característica estática dos projetos que a organização considera, a aderência estratégica apresenta uma certa estabilidade. Significa dizer que seja possível, portanto, ser adaptada ao longo do desenvolvimento da entidade em decorrência de mudanças no ambiente, na tecnologia e na própria estratégia.

Imaginando uma usina siderúrgica, que tenha no seu planejamento estratégico a decisão de crescer a partir do aumento da capacidade de produção de certo tipo de aço, desenvolver um projeto de investimento para aquisição de novos equipamentos, ao menos em primeira instância, parece ter alta aderência estratégica, por exemplo. Uma empresa de confecções que tem um processo de tintura para gerar seus produtos, desejando ampliar seu controle sobre o processo, crítico em termos de diferenciação para o sucesso do produto, pode desenvolver um projeto com alta aderência estratégica, que represente o investimento em uma tinturaria, por exemplo.

Ignorar a característica da aderência estratégica significa deixar de reconhecer prioridades do negócio, já que os investimentos deveriam ser decorrentes de decisões que proporcionem o direcionamento dos negócios no longo prazo. Investir em um projeto que não seja percebido como se tivesse alta aderência estratégica pode desviar recursos que seriam necessários em outros projetos com maior relacionamento com o plano estratégico da entidade. A consequência disso é que a entidade poderia não ter recursos adequados para os projetos realmente significativos para o seu horizonte de longo prazo. Entretanto, nem todos os projetos da organização podem ser indiscutivelmente considerados como de alta aderência estratégica, até porque essa percepção vai depender muito da amplitude, clareza e perspectiva de como o próprio planejamento estratégico é percebido na entidade. Com isso, dizer que apenas os projetos reconhecidos com alta aderência estratégica é que deveriam ser aprovados e implementados na entidade não significa que todos, assim, serão tratados. Como exemplo, uma instituição pode discutir e ter recomendada a implementação de um projeto de aquisição de móveis para funcionários e isso não ser percebido como parte de um conjunto de ações estratégicas da empresa.

Recomenda-se algum grau de formalização na discussão da aderência estratégica dos projetos, inclusive para que seja possível a comparação entre diferentes projetos e uma chance maior de discussão seja focada. Como exemplo desse aspecto, considere uma empresa que tenha as seguintes estratégias no seu negócio:

a) expansão da capacidade instalada para atender à demanda de um *software* integrado para empresas de pequeno porte;

b) crescimento do faturamento por venda de produtos em mercado ainda não explorado;

c) otimização de negócios a partir dos produtos desenvolvidos pela empresa, embora esta comercialize, também, produtos de outras organizações;

d) desenvolvimento de novos produtos para substituir os atuais, em estágio de declínio no mercado.

Pode-se considerar que um projeto de expansão de uma estrutura comercial de uma entidade, a qual desenvolve e comercializa *softwares*, teria muita aderência com a estratégia *b*. Um projeto para novos equipamentos de uma empresa pode ter aderência às estratégias *b* e *d*. E treinamento para a equipe de vendas pode ter relacionamento com a estratégia *c*.

A análise de aderência pode ter uma abordagem qualitativa ou modelo do tipo escore, com um elenco de elementos. O tema será retomado no Capítulo 6.

2.6 Questões de múltipla escolha sobre o tema 2

1. A decisão de aceitação de um projeto relevante, em condições normais, deveria estar ligada à:
   (a) Revisão do planejamento estratégico.
   (b) Elaboração do orçamento.
   (c) Revisão mensal dos negócios.
   (d) Nenhuma das anteriores.

2. Segundo Ackoff, planejar consiste em:
   (a) Ter os recursos antes da necessidade.
   (b) Obter recursos financeiros antecipadamente.
   (c) Decidir antecipadamente.
   (d) Fazer com que as pessoas estejam alertas.

3. Em termos gerais, dividimos o processo de planejamento das empresas em:
   (a) Planejamento estratégico de rotina.
   (b) Planejamento tático e estratégico.
   (c) Planejamento operacional e de rotina.
   (d) Planejamento operacional e tático.

4. Para que um projeto de investimento tenha aderência estratégica, seu argumento, entre outros, deve ser aquele que:
   (a) Prioriza recursos para o financiamento.
   (b) Evita perda de tempo com os sócios.
   (c) Torna desnecessária a apresentação do *Earned Value*.
   (d) Aumenta o EVA consolidado dos projetos.

5. Os projetos de investimento devem ser elaborados no momento em que se estrutura o planejamento estratégico?
   (a) Sim; só quando o planejamento estratégico for elaborado é que devemos pensar em projetos.
   (b) Não; eles são necessários apenas na estruturação do orçamento.
   (c) Não; embora sejam decididos no planejamento estratégico, eles podem ser identificados, elaborados e analisados em qualquer momento antes dessa decisão.
   (d) Não; os projetos não impactam no processo de planejamento da entidade, já que os benefícios devem cobrir os gastos.

6. O processo de gestão incorpora planejamento, execução e controle. Como consequência, a literatura recomenda que os projetos, como parte do processo de planejamento, devem ser acompanhados durante toda a sua existência.
   (a) Verdadeiro.
   (b) Falso.

7. O que acontece quando os projetos de investimento incluídos no planejamento estratégico divergem do orçamento?
   (a) Nada.
   (b) É necessário refazer o orçamento.
   (c) É necessário refazer o planejamento estratégico.
   (d) Todas as alternativas anteriores, dependendo da razão e magnitude da divergência.

8. A não consideração dos projetos na relação das demonstrações do planejamento estratégico e do orçamento impacta, dentre outros elementos:

    (a) No retorno e na necessidade de financiamentos da empresa.

    (b) Na taxa de juros da empresa.

    (c) Na capacidade de financiamentos.

    (d) No horizonte de *payback* do projeto.

2.7 Exercício 2: Identificação das etapas

1. Enunciado

A vida do pequeno empresário não é fácil mesmo! Levantar cedo, correr atrás de clientes, fazer o planejamento fiscal, enfim, a vida de empregado era mais simples. Bom, mas há outras coisas a considerar, como por exemplo... a liberdade de decidir que direção tomar. É assim mesmo: poder investir onde quiser, não ter que se restringir a opções pouco criativas. Isso deveria ser o suficiente para motivar um profissional. Mas a incerteza de Paulo era muito maior. No momento, várias alternativas de decisão eram apresentadas e a dúvida permanecia. Paulo sabia que, como principal executivo da empresa, deveria liderar esse processo, mas tinha uma dúvida vital: deveria aprovar o projeto com maior retorno, simplesmente porque tinha o maior retorno? Mesmo que não fosse um projeto relacionado com a visão de longo prazo da empresa?

Essa dúvida era muito razoável e mesmo normal. Afinal, a empresa CompBestpontocom, fundada na década de 80 por dois estudantes recém-formados, teve muita dificuldade para sobreviver nos primeiros anos de sua existência. Contudo, paulatinamente, seu crescimento se tornou consistente e estruturado. No início, a ideia era atender os amigos, montando os micros de que eles precisassem, a partir da importação de componentes, na garagem da namorada de um deles. Com o passar do tempo, com o boca a boca sendo desenvolvido, a empresa foi criando personalidade própria e se transformou numa entidade jurídica, de fato, em meados dos anos 90, com a ocorrência do Plano Real.

A montagem de computadores se tornou uma coisa simples, sem grandes segredos, mesmo para os menos privilegiados. A procura por nichos de mercado fez com que a empresa identificasse várias alternativas de investimento que foram caracterizadas como A, B, C, D, E e F. Tais alternativas não são mutuamente exclusivas, mas existe um limite para o montante de recursos disponíveis (considerando o capital próprio e de terceiros, no máximo $ 1,5 milhão, a um custo ponderado de 20% a.a.), o que faz com que a empresa se preocupe em analisar rigorosamente o retorno proporcionado. No que se refere à caracterização dos projetos, temos o seguinte:

A) Compra de novos equipamentos para **desenvolvimento de um novo produto X**.

B) Compra de parte de participação de uma empresa para **incluir o produto Z**, que interessa à empresa e já está disponível para ser adquirida, no portfólio.

C) Compra de equipamentos para atuar em **nicho de produto U, a ser desenvolvido junto com o cliente**.

D) Compra de equipamentos e aumento de equipe para **aumento da capacidade de atendimento de um produto T** já existente na empresa.

E) Criação de uma nova empresa para **aumentar a capacidade de prestação de serviços de Y e, depois de três anos, ser vendida**.

A diretoria da empresa, uma vez resolvida a questão da aderência estratégica, deseja que você analise e desenvolva o cronograma geral do projeto "A".

2. Atividades esperadas dos participantes

1. Lembrando que tal projeto já foi avaliado em termos de aderência, fazer a **identificação de tarefas** (pelo menos duas/três de cada ciclo) que o projeto deve requerer em cada ciclo.

2. Identificação de pré-requisitos e sequenciamento de cada tarefa, considerando o pré-requisito.

3. Estabelecimento de prazos para cada tarefa.

4. Identificação dos recursos requeridos pelas tarefas.

5. Identificação do fluxo de caixa do projeto requerido pelos recursos necessários ao projeto.

Observação: os leitores podem assumir premissas para as questões que considerem importantes e que não tenham sido explicitadas. Única exigência: devem deixar claras essas premissas.

A utilização de um *software* de apoio para o desenvolvimento das atividades é útil; contudo, caso não haja essa disponibilidade, utilizar o formato apresentado na sequência:

Anexo 1. Tarefas e cronograma de atividades

ID	Tarefa	Tarefa Precedente	Início	Fim	Recursos	Fluxo de caixa
1						
2						
3						
4						
5						
6						
7						
8						
9						
10						
11						
12						
13						
14						
15						
16						
17						
18						
19						
20						

2.8 Roteiro de estruturação e análise de projeto – etapa 2

O projeto escolhido pode ser considerado de alta aderência estratégica? Qual a argumentação para tanto?

As atividades requeridas nesta etapa são as seguintes:

- leitura do texto do material de apoio;
- solução das questões de múltipla escolha e exercício ("Cadê a aderência?") referentes a este tema;

- o que significa ter alta aderência estratégica na sua empresa? São claros os quesitos a considerar? Consulte colegas que você considere adequados para responder a essa questão;
- como tratar o projeto que você escolheu dentro dessa ótica, como formalizar essa percepção (o que levar em conta e atribuir a sua percepção)?;
- analise e argumente sobre a aderência estratégica do seu projeto.

3

Ciclos de um Projeto

Objetivos de aprendizagem

1. Conceituar e especificar os ciclos dos projetos.
2. Identificar características de cada ciclo de um projeto.
3. Especificar as atividades técnicas e impactos financeiros do projeto e inter-relacionamento.
4. Evidenciar os fatores críticos dos ciclos.
5. Detalhar os componentes de um projeto.

Tópicos tratados

3.1 O projeto como um todo: diferentes momentos
3.2 Os ciclos de um projeto
3.3 Peculiaridades dos ciclos de um projeto
3.4 Cronograma de atividades e suas consequências
3.5 Questões de múltipla escolha sobre o tema 3
3.6 Roteiro de estruturação e análise de projeto – etapa 3

Questões provocativas

1. Quais são os ciclos de um projeto?
2. O que determina o encerramento do ciclo de planejamento?

3. Qual o grande objetivo do ciclo conceitual? Por que ele existe?
4. O que ocorre quando a empresa tem muita preocupação com a qualidade tática do projeto, mas não tanto com a qualidade estratégica?
5. Para que serve o cronograma de desenvolvimento do projeto?

Bibliografia complementar

FREZATTI, F. *Orçamento empresarial*: planejamento e controle gerencial. 4. ed. São Paulo: Atlas, 2007.

MEREDITH, J. R.; MANTEL, S. J. *Project management*: a managerial approach. 4. ed. New York: John Wiley, 2000.

WARD, K. *Strategic management accounting*. Oxford: Butterworth-Heinemann, 1993.

3.1 O projeto como um todo: diferentes momentos

O projeto de investimento pode ter diferentes perspectivas de vida útil, dependendo do tipo de decisão. Num projeto de lançamento de produto de moda, por exemplo, entre a identificação da oportunidade, discussão, aprovação, desenvolvimento e encerramento do projeto, podem decorrer alguns meses, enquanto que pode ser necessário o acompanhamento por dezenas de anos de um projeto envolvendo uma usina hidroelétrica. Esses diferentes horizontes de utilidade de um projeto levam o gestor a analisar os conteúdos e os detalhamentos necessários para que a gestão possa ocorrer de maneira adequada e contínua nas organizações.

Na verdade, a primeira resposta que os gestores devem proporcionar é até onde desejam controlar os projetos, já que, em alguns casos, o retorno prometido só ocorrerá a partir de um longo período de tempo, o que demanda preparação, principalmente porque os projetos atravessam diferentes momentos em termos de maturidade, necessidade de recursos e mesmo de retorno. Nesse sentido, a matriz do Boston Consulting, desenvolvida para acompanhar o ciclo de vida de *produtos*, proporciona entendimento sobre os diferentes momentos vivenciados pelos *projetos*. Dentro dessa abordagem, os projetos podem ser enquadrados em algum dos quatro quadrantes, que são (WARD, 1993, p. 23):

- Embrionário (adolescente)

    Indica um projeto já aprovado, com recursos sendo investidos, mas não totalmente implementado. Tem como características: não gerar receitas e demandar capital da empresa, para dar sequência ao seu desenvolvimento. A ausência de financiamento adia a passagem do projeto adolescente para outra fase. Pouco se pode fazer nesse momento a não ser **controlar o fluxo de caixa dos recursos demandados** para que o retorno pretendido realmente ocorra. Uma organização que não disponha de um projeto formal para uma inversão relevante pode simplesmente perder de vista a perspectiva de retorno, pois não terá com o que comparar e gerenciar a demanda de recursos que afetará o projeto.

- Crescimento (estrela)

    Trata-se do projeto a partir do momento em que as inversões cessam e aquilo que representa os investimentos em Ativo Permanente já ocorreram. Os recursos de capital de giro podem continuar demandando financiamento, mas as entradas de caixa já estão ocorrendo e se contrapõem gerando algum nível de alívio ao fluxo de caixa da organização. O grande direcionador desta fase é o ***market share***, a ser estimulado, a fim de que proporcione o desenvolvimento do projeto. Em um projeto de novo produto, por exemplo, isso significa estimular fortemente o aumento do volume de vendas para otimizar a escala.

- Maturidade (vaca leiteira)

    Quando alguém pensa no retorno de um projeto, pensa nesta fase, pois a sua característica é a abundância de caixa: as entradas superam as saídas. Essa abundância de caixa proporciona condições de retorno ao investidor ou a alimentação de novos projetos de investimento. A ausência de instrumentos de controle que permitam captar tal evento faz com que a entidade deixe de entender e adequadamente avaliar o desempenho de projetos.

- Saturação/declínio (cachorro)

    Este momento tem como característica principal a queda contínua do *market share* e da lucratividade. Este momento proporciona poucas opções: ou o projeto é eliminado ou é reciclado, com novos investimentos que, por sua vez, demandam caixa e concorrem com novos projetos.

Uma das grandes limitações deste modelo, que é intuitivo, é que não se pode precisar a duração de cada momento, de cada ciclo vivido. A não ser o ciclo do adolescente, que pode ser previsto e gerenciado, os demais são momentos que podem durar meses ou anos, com potencial de gerenciamento relativamente menor do que o primeiro ciclo. Por outro lado, um projeto, dada a sua característica, pode passar de um momento para outro pulando uma etapa.

É importante, na gestão dos recursos da empresa, entender quais são os momentos mais relevantes que os projetos atravessam, principalmente pela dificuldade de caixa que isso possa representar.

3.2 Os ciclos de um projeto

Considerando a definição de projeto utilizada neste trabalho, ou seja, "Empreendimento com começo, meio e fim, dirigido por pessoas, para cumprir metas estabelecidas dentro de parâmetros de custo (leia-se gasto), tempo e qualidade" (DINSMORE, 1992), a sua estruturação passa por vários ciclos que precisam ser entendidos, a fim de que os impactos de seu gerenciamento possam ser dimensionados, bem como o relacionamento dos vários ciclos possam ser percebidos. Trata-se de estágios percorridos pelos projetos desde o momento em que são identificados até a sua extinção. Embora vários autores utilizem termos diferentes, tais como *fases, estágios, ciclos* etc., esses correspondem ao desenvolvimento normal de um projeto, existindo uma sequência normalmente obedecida. Em termos gerais, os ciclos de um projeto são os seguintes: conceitual, planejamento, seleção (embora não seja um ciclo propriamente dito, será identificado como tal pela sequência apresentada), implementação, pós-implementação e encerramento.

Existem várias abordagens para especificar ciclos (MEREDITH; MANTEL, 2000), e levando em conta a sequência, podemos considerar:

- Conceitual

    Marca o início de um projeto de investimento e pode começar com uma ideia percebida como adequada para atender a uma demanda da entidade. Deve ser o ciclo de maior liberdade e deve proporcionar um diagnóstico preliminar para que o projeto possa ser estruturado. Ao seu final, deve proporcionar uma ideia estruturada da oportunidade do projeto, discutindo-a razoavelmente, definindo a missão do projeto e as restrições conceituais que o projeto poderá enfrentar. A restrição conceitual representa uma barreira, uma fronteira não negociável. Pode referir-se a prazo, recursos, tempo, tipo de tecnologia, legislação etc. Por exemplo, o projeto pode ser desenvolvido desde que esteja totalmente implementado até 31/1/x3; o projeto terá que utilizar a tecnologia xpt; o projeto só poderá ser desenvolvido com recursos próprios.

    O ciclo conceitual deriva da percepção de que vale a pena aprofundar a ideia de projeto, analisando a oportunidade percebida. O projeto é aprofundado em termos de análise da sua viabilidade e esta fase só termina com uma decisão de implementação ou não. Em outras palavras, um projeto que não for aceito pela empresa pode sofrer ajustes e alterações e ser submetido novamente.

    É muito importante que alternativas para o projeto sejam identificadas e analisadas, e isso só é possível a partir da definição da missão do projeto, o que deve ter ocorrido no ciclo conceitual.

    Alguns aspectos podem merecer atenção nesse ciclo: (i) o horizonte de projeção de resultados, que deve ser definido e terá impacto sensível sobre o resultado do projeto; (ii) modelo de decisão que será considerada na avaliação do projeto; (iii) metodologias de avaliação de investimentos que serão consideradas na análise do projeto; (iv) variáveis que são críticas no resultado da avaliação do projeto; (v) financiamento do projeto, no caso daqueles denominados de grande porte.

    Em algumas organizações, os projetos que não recebem aprovação são deixados em um compasso de espera para que outro cenário possa, eventualmente, gerar condições mais favoráveis. Seria o exemplo de uma empresa petrolífera que, ao analisar um projeto de reserva com o preço do barril a US$ 30, deixe de lado um projeto de extração que se tornaria viável com o barril a US$ 50.

    Em muitas organizações, as tarefas do ciclo conceitual e de planejamento podem se confundir, pois os gestores podem não estar habituados a tomar uma decisão de aceitação do projeto sem razoável nível de detalhes, o que a fase conceitual normalmente não proporciona.

O desenvolvimento de toda a análise econômico-financeira deve ocorrer neste ciclo para permitir adequado processo decisório. Um exemplo genérico para projetos foi disponibilizado conforme a Ilustração 3.1:

ID	◯	Task Name	Duration	Start	Finish	Resource Names
1		CICLO CONCEITUAL		Fri 18/1/02	Mon 19/2/07	
2		TORNAR CLARA A MISSÃO DO PROJETO	3 days	Fri 18/1/02	Tue 22/1/02	
3		DETALHAMENTO DA MISSÃO	3 days	Wed 23/1/02	Fri 25/1/02	
4		ESTABELECIMENTO DE CRONOGRAMA	1321 days	Mon 28/1/02	Mon 19/2/07	
5		DEFINIR AS ATIVIDADES	3 days	Mon 28/1/02	Wed 30/1/02	
6		SEQÜENCIAR ATIVIDADES	3 days	Thu 15/2/07	Mon 19/2/07	
7		ESTIMAR DURAÇÃO ATIVIDADE	2 days	Thu 15/2/07	Fri 16/2/07	
8		PLANEJAMENTO DE RECURSOS	3 days	Mon 28/1/02	Wed 30/1/02	
9		ESTIMAR GASTOS/RECEITAS	1 day	Thu 15/2/07	Thu 15/2/07	
10		CUSTO DE OPORTUNIDADE DO PROJETO	1 day?	Fri 18/1/02	Fri 18/1/02	
11		MÉTODOS DE AVALIAÇÃO DE INVESTIMENTOS	1 day?	Fri 18/1/02	Fri 18/1/02	
12		ANÁLISE ECONÔMICO-FINANCEIRA	1 day?	Fri 18/1/02	Fri 18/1/02	
13		PROPOSTA DE PROJETO	1 day?	Fri 18/1/02	Fri 18/1/02	
14		SELEÇÃO	1 day?	Fri 18/1/02	Fri 18/1/02	

Ilustração 3.1 *Exemplo de tarefas do ciclo conceitual.*

As questões a resolver neste ciclo, predominantemente, são representadas pela sequência (ID):

1. CICLO CONCEITUAL COMPLETO.

2. Desenvolver uma declaração, por escrito, definindo a missão como a base para futuras decisões do projeto.

3. Subdividir as entregas (produtos) do projeto em atividades de nível menor, tornando-as componentes mais gerenciáveis.

3. Identificar as atividades específicas que devem ser executadas para realizar os vários produtos do projeto.

6. A partir dos pré-requisitos, ordenar as tarefas, no sentido de dispor de cronograma de atividades.

7. Identificar tempo para o desenvolvimento das tarefas.

8. Determinar que recursos são necessários (pessoas, equipamento, materiais etc.) e quais quantidades de cada um devem ser usadas para executar as atividades do projeto.

9. Identificar e estimar os gastos (investimentos, custos e despesas) e as receitas envolvidas com o projeto.

10. Identificar alternativas, discutir e definir as fontes de financiamento e o custo de oportunidade a ser considerados no projeto. Os parâmetros a serem considerados também devem ser obtidos.

11. Ter claro quais métodos de avaliação de investimentos são aceitos e utilizados pela entidade, dentro do perfil de hierarquia definido.

12. Estabelecer análise econômico-financeira para permitir a decisão sobre os projetos de investimentos que possam ser considerados no planejamento estruturado da entidade.
13. Elaborar a proposta de projeto, que se constitui em documento com análise do projeto, tanto na sua questão qualitativa e estratégica como também na econômico-financeira.
14. Proceder à análise a partir da decisão de que o projeto deve ser implementado e, consequentemente, incluído no orçamento do ano em que deva ocorrer. O processo de seleção pode ocorrer antes ou durante a revisão do planejamento estratégico.

- Seleção

    O processo seletivo possa ser complexo ou não, mas deve considerar algum tipo de ritual de análise que possa validar os projetos que devem ser eleitos para implementação na entidade. Em outras palavras, embora o processo de estruturação do plano estratégico ocorra dentro de um calendário estabelecido pela empresa, a análise dos projetos pode ser uma atividade contínua a ser desenvolvida por um grupo de gestores, identificando os projetos que a entidade queira desenvolver, sendo analisados mediante uma série de fatores. Este ciclo será tratado em mais detalhes no Capítulo 6.

- Planejamento

    No ciclo de planejamento, o detalhamento das tarefas e suas divisões (atividades) são trabalhados, proporcionando a identificação dos recursos demandados visando a sua implementação e, consequentemente, gerenciamento do fluxo de caixa do projeto que deve ser controlado e otimizado. O tripé de elementos (gasto, tempo e especificações) deve ser avaliado e, como consequência, projeções econômico-financeiras são desenvolvidas a partir de premissas operacionais e financeiras. A análise dos recursos deve ser estruturada, inclusive no que se refere a equipe, liderança, tecnologias e equipamentos.

    É muito importante que alternativas para o projeto sejam identificadas e analisadas, e isso só é possível a partir da definição da missão do projeto, o que deve ter ocorrido no ciclo conceitual.

    A especificação de todas as atividades que são requeridas para que o projeto tenha sucesso deve ocorrer no ciclo de planejamento. Um exemplo genérico para projetos foi disponibilizado conforme a Ilustração 3.2.

ID	❶	Task Name	Duration	Start	Finish	Resource Names
1		**CICLO DE PLANEJAMENTO**	**1340 days**	**Fri 18/1/02**	**Thu 8/3/07**	
2		PLANEJAMENTO DA GERÊNCIA DE RISCO	3 days	Fri 18/1/02	Tue 22/1/02	
3		DESENVOLVER PRAZOS	1 day	Wed 23/1/02	Wed 23/1/02	
4		PLANEJAR QUALIDADE	1 day	Fri 2/2/07	Fri 2/2/07	
5		PLANEJAMENTO ORGANIZACIONAL	2 days	Mon 5/2/07	Tue 6/2/07	
6		OBTENÇÃO DA EQUIPE	2 days	Wed 7/2/07	Thu 8/2/07	
7		IDENTIFICAÇÃO DE RISCO	2 days	Fri 9/2/07	Mon 12/2/07	
8		PLANEJAMENTO DE RESPOSTA AO RISCO	5 days	Thu 15/2/07	Wed 21/2/07	
9		PLANEJAMENTO DE AQUISIÇÃO	4 days	Thu 22/2/07	Tue 27/2/07	
10		PLANEJAMENTO DE PROPOSTAS	4 days	Wed 28/2/07	Mon 5/3/07	
11		PLANEJAMENTO DE COMUNICAÇÃO	2 days	Tue 6/3/07	Wed 7/3/07	
12		DESENVOLVIMENTO DO PLANO DO PROJETO	1 day	Thu 8/3/07	Thu 8/3/07	

Ilustração 3.2 *Exemplo de tarefas do ciclo de planejamento.*

De posse do projeto desenvolvido no ciclo conceitual, as questões a resolver neste ciclo, predominantemente, são representadas pela sequência (ID):

1. PLANEJAMENTO.
2. Decidir como disponibilizar, acessar e planejar a gerência de risco em um projeto.
3. Analisar a sequência de atividades, duração das atividades e recursos requeridos para criar o plano do projeto.
4. Identificar quais padrões de qualidade são relevantes para o projeto e determinar como satisfazê-los.
5. Identificar, documentar e assinalar o papel dos participantes, responsabilidades, relacionamentos hierárquicos e estrutura organizacional do projeto.
6. Conseguir os recursos humanos necessários assinalados para trabalhar no projeto.
7. Determinar quais riscos são prováveis para afetar o projeto e documentar as características de cada um.
8. Desenvolver procedimentos e técnicas para melhorar as oportunidades e reduzir as ameaças de risco dos objetivos do projeto.
9. Determinar o que adquirir, quanto e quando.
10. Documentar os requerimentos do produto e identificar o potencial das fontes (onde adquirir).
11. Determinar as informações e comunicações necessárias para os "patrocinadores": quem precisa de que informação, quando eles vão precisar das mesmas e como estas informações serão dadas aos patrocinadores.
12. Tomar os resultados dos outros processos de planejamento e colocá-los em um documento consistente e coerente, considerando o que já foi aprovado no ciclo anterior.

- Implementação

Entre a seleção do projeto e a sua implementação, podem ocorrer diferentes intervalos: um projeto pode ser aceito pela organização, mas só implementado muito tempo depois, em decorrência tanto do tipo de oportunidade como de alguma variável externa que esteja afetando a organização. Por exemplo, uma empresa pode ter avaliado a aquisição de uma outra, mas pode haver a necessidade de esperar por algum tipo de evolução, do mercado ou dos sócios, para que a implementação do projeto ocorra.

A equipe do projeto passa a se envolver no mesmo, o líder desenvolve suas atividades e a solução de problemas passa a ser uma questão importante no andamento. Nessa fase, o cronograma de desenvolvimento se transforma em algo mais detalhado e específico para poder efetivar e acompanhar de maneira adequada a utilização dos recursos. No cronograma, as atividades de testes e protótipos devem ser planejadas e acompanhadas.

Analogamente aos ciclos anteriores, um exemplo genérico para projetos foi disponibilizado conforme a Ilustração 3.3.

ID	O	Task Name	Duration	Start	Finish	Resource Names
1		IMPLEMENTAÇÃO	1330 days	Fri 18/1/02	Thu 22/2/07	
2		EXECUÇÃO DO PROJETO	40 days	Fri 18/1/02	Thu 14/3/02	
3		DESENVOLVER EQUIPE	15 days	Fri 18/1/02	Thu 7/2/02	
4		PROPOSTAS	15 days	Fri 18/1/02	Thu 7/2/02	
5		SELECIONAR FONTES	20 days	Fri 8/2/02	Thu 7/3/02	
6		ADMINISTRAR CONTRATOS	5 days	Fri 8/3/02	Thu 14/3/02	
7		DISTRIBUIR INFORMAÇÃO	5 days	Fri 8/3/02	Thu 14/3/02	
8		CONTROLE DO TRIPÉ	15 days	Fri 2/2/07	Thu 22/2/07	

Ilustração 3.3 *Exemplo de tarefas do ciclo de implementação.*

De posse do plano desenvolvido no ciclo de planejamento, as questões a resolver neste ciclo, predominantemente, são representadas pela sequência (ID):

1. IMPLEMENTAÇÃO.
2. Executar o plano do projeto seguindo as atividades previstas no mesmo.
3. Gerenciar, desenvolvendo habilidades e competências individuais e de grupo para aperfeiçoar o desempenho do projeto.
4. Obter e negociar cotações, licitações, ofertas ou propostas apropriadas.
5. Escolher entre os potenciais fornecedores.
6. Gerenciar o relacionamento com os fornecedores.
7. Tornar a informação necessária disponível aos envolvidos no projeto de maneira conveniente e a tempo.

8. Avaliar o desempenho de todo o projeto em uma base regular, para prover confiança de que o projeto irá satisfazer aos padrões de qualidade relevantes.

- Pós-implementação

Tudo o que ocorrer após a implementação do projeto, antes de seu encerramento, deve ser considerado neste ciclo. De qualquer forma, tanto o acompanhamento do projeto como a sua avaliação devem ser pensados. Este tema será retomado no Capítulo 8.

Analogamente aos ciclos anteriores, um exemplo genérico para projetos foi disponibilizado conforme a Ilustração 3.4.

ID	❶	Task Name	Duration	Start	Finish	Resource Names
1		PÓS-IMPLEMENTAÇÃO	40 days	Fri 18/1/02	Thu 14/3/02	
2		REPORTAR DESEMPENHO	5 days	Fri 18/1/02	Thu 24/1/02	
3		CONTROLE DE MUNDAÇA INTEGRADA	5 days	Fri 25/1/02	Thu 31/1/02	
4		VERIFICAR MISSÃO	5 days	Fri 18/1/02	Thu 24/1/02	
5		CONTROLE DE MUDANÇA DE MISSÃO	30 days	Fri 25/1/02	Thu 7/3/02	
6		CONTROLE DE PRAZO	5 days	Fri 8/3/02	Thu 14/3/02	
7		CONTROLE DE GASTOS / RECEITAS	5 days	Fri 18/1/02	Thu 24/1/02	
8		CONTROLE DE QUALIDADE	5 days	Fri 25/1/02	Thu 31/1/02	
9		MONITORAR E CONTROLAR O RISCO	3 days	Fri 1/2/02	Tue 5/2/02	
10		ENCERRAMENTO DO PROJETO	28 days	Fri 18/1/02	Tue 26/2/02	

Ilustração 3.4 *Exemplo de tarefas do ciclo de pós-implementação.*

De posse do projeto desenvolvido no ciclo de implementação, as questões a resolver neste ciclo, predominantemente, são representadas pela sequência (ID):

1. PÓS-IMPLEMENTAÇÃO.

2. Coletar e disseminar informações sobre *performance*. Isto inclui relatórios sobre o *status*, medida do progresso e previsão de desempenhos futuros durante o período que a entidade considerar adequado para acompanhar o retorno.

3. Coordenar as mudanças através do projeto como um todo.

4. Formalizar a aceitação da missão do projeto.

5. Controlar as mudanças da missão do projeto.

6. Controlar mudanças do prazo do projeto.

7. Controlar mudanças de gastos e receitas do projeto.

8. Monitorar resultados específicos do projeto para determinar se os mesmos estão em conformidade com os padrões relevantes de qualidade e identificar maneiras para eliminar as causas de *performance* insatisfatória.

9. Acompanhar e identificar os riscos, monitorar riscos residuais e identificar novos riscos; certificar-se da execução do plano de riscos e avaliar sua efetividade na capacidade de reduzi-los.

- Encerramento

Um projeto deve ser encerrado quando a sua missão for atingida, quando a razão pela qual foi iniciado foi obtida e ele pode também deixar de ser projeto para fazer parte da rotina da organização. O encerramento do projeto é uma etapa a ser prevista, sendo importante pelas consequências em termos de liberação de recursos e de entrada do projeto em atividade operacional. Em algumas organizações, o mesmo nível que aprova os projetos deve aprovar o encerramento. Formalmente, esta é a maneira de a alta administração tomar conhecimento do desempenho do projeto. Este tema será retomado no Capítulo 8.

3.3 Peculiaridades dos ciclos de um projeto

Os ciclos da vida de um projeto implicam em diferentes ênfases ou questões consideradas mais críticas no seu desenvolvimento. Meredith e Mantel (2000) trataram essa questão separando os vários aspectos e relacionando-os com a perspectiva estratégica e tática. A proposta dos autores foi adaptada e é apresentada na Tabela 3.1. Como ponto de partida, identificaram por ciclo os fatores mais significativos:

Tabela 3.1 *Fatores críticos do projeto*.

Ciclo	Fatores críticos
Conceitual	Missão e envolvimento do cliente
Planejamento	Missão, apoio da alta administração, aceitação do cliente e urgência
Seleção	Missão, apoio da alta administração, aceitação do cliente e urgência
Implementação	Missão, liderança, solução de problemas, *schedule*, atividades técnicas e envolvimento com o cliente
Pós-implementação	Missão, atividades técnicas e envolvimento com o cliente
Encerramento	Missão, atividades técnicas e envolvimento com o cliente

Em um segundo momento, temos a identificação dos fatores críticos de sucesso do projeto. São eles que aumentam ou diminuem o potencial de sucesso dos projetos. A partir dos elementos de identificação dos fatores críticos, podem-se agrupar tais fatores em *estratégicos* e *táticos* (Tabela 3.2):

Tabela 3.2 *Fatores estratégicos e táticos do projeto*.

Classificação	Fatores críticos
Estratégicos	Missão do projeto: clareza em termos de necessidade, objetivos e direção geral
	Apoio e comprometimento da alta administração: apoio no sentido de recursos, política, poder e autoridade
	Schedules: detalhamento das ações na sequência de passos com a realidade de desempenho desejada
	Consulta ao cliente: ouvir o cliente do projeto nos seus vários níveis
Táticos	Equipe: recrutamento, seleção, treinamento e gerenciamento
	Atividades técnicas: disponibilidade tecnológica
	Aceitação do cliente: venda do projeto ao cliente
	Gerenciamento e *feedback*: controle e ajustes em cada estágio
	Comunicação: comunicação aos níveis adequados
	Solução de problemas: preparação e respostas frente ao inesperado

Os fatores críticos de sucesso podem permitir o entendimento dos gestores em termos de insucesso de projetos desenvolvidos.

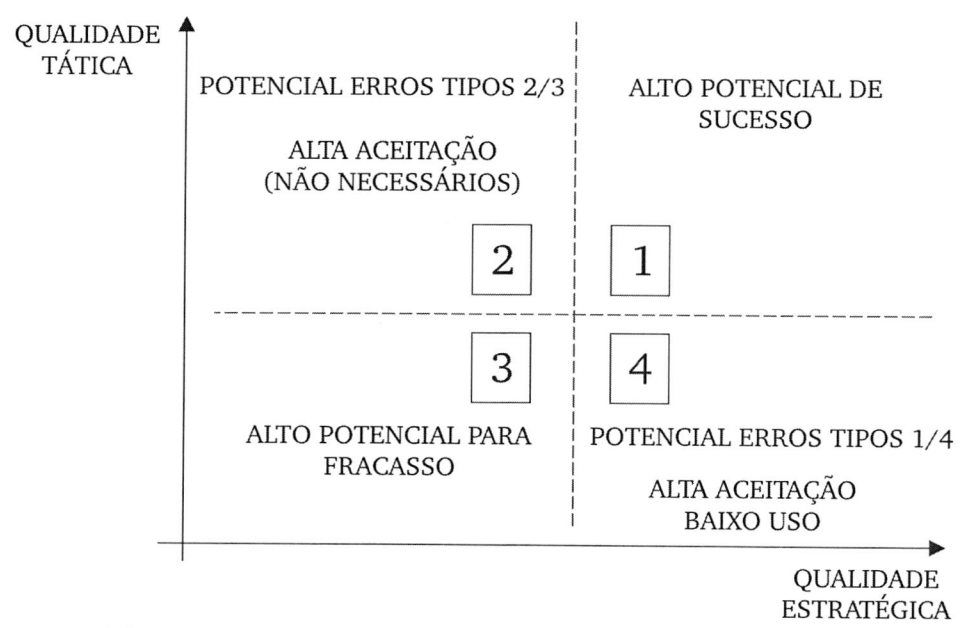

Fonte: Meredith e Mantel, 2000.

Figura 3.1 *Quadrantes de qualidade estratégica e tática*.

A Figura 3.1 indica o potencial de atuação dos gestores nos projetos. Atuação muito intensa, tanto na qualidade estratégica como na tática, proporcionam alto potencial de sucesso dos projetos. Baixa qualidade estratégica e baixa qualidade tática devem proporcionar alto potencial de fracasso dos mesmos. Por sua vez, alta qualidade estratégica e baixa qualidade tática proporcionam erros do tipo 1 (ação que deveria ocorrer mas não ocorre) ou do tipo 4 (ação conhecida que resolveria o problema mas não foi implementada). A alta qualidade tática com baixa qualidade estratégica provoca erros do tipo 2 (que correspondem a ações que ocorrem quando não deveriam) e 3 (solução do problema errado ou tomando a ação errada).

Erros possíveis:

TIPO 1: AÇÃO QUE DEVERIA OCORRER MAS NÃO OCORRE

Corresponde à situação em que a organização discute intensamente o projeto e suas opções; existe conhecimento para desenvolver o projeto.

TIPO 2: AÇÃO QUE OCORRE QUANDO NÃO DEVERIA

A ação não foi discutida e uma ação não coordenada acaba sendo desenvolvida, quando na verdade se mostra inadequada.

TIPO 3: SOLUÇÃO DO PROBLEMA ERRADO OU TOMANDO A AÇÃO ERRADA

A decisão inadequada ou ação que não traz impacto ao problema é implementada.

TIPO 4: A AÇÃO CONHECIDA RESOLVERIA O PROBLEMA, MAS NÃO FOI IMPLEMENTADA

A ação adequada foi identificada mas não ocorre.

3.4 Cronograma de atividades e suas consequências

A estruturação de um projeto de investimento requer a montagem de vários tipos de cronograma, com diferentes objetivos. De alguma forma, o cronograma inicial deve ser estruturado a partir das atividades técnicas do projeto, levando em conta a sequência de pré-requisitos necessários. Considerando a tarefa como a partição mais específica, é por ela que deve ser iniciado o cronograma. Esse mesmo cronograma deve identificar as necessidades de recursos e, consequentemente, o fluxo de caixa delas decorrentes.

Os vários *softwares* disponíveis para controle de projetos facilitam a montagem do cronograma, até porque permitem, com relativa facilidade, correções e ajustes. De qualquer forma, a montagem do cronograma pode ocorrer mesmo sem uma ferramenta de apoio mais sofisticada.

Como exemplo dessa montagem, podemos considerar um projeto de desenvolvimento e lançamento de um alimento.

Tabela 3.3 *Fatores estratégicos e táticos do projeto.*

Tarefa		Data	Pré-requisito	Recursos	Montante $
Nº	Descrição				
1	Pesquisa de mercado identificando oportunidades do produto	1/01/x1		Pesquisa	Pgto. Pesquisa
2	Planejamento do produto, especificando suas características	1/02/x1	1	Informações	
3	Identificação dos insumos e desenvolvimento de fornecedores	15/02/x1	2	Materiais, equipamentos e mão de obra	Pgto. dos recursos
4	Montagem de protótipos	20/02/x1	3		
5	Definição de custo-padrão ou custo-meta do produto	1/03/x1	3		
6	Aprovação do produto dentro de linhas oficiais	15/03/x1	4 e 5		
7	Planejamento de vendas	30/03/x1	6	Receitas planejadas	Recebimento de receitas
8	Planejamento da comunicação	15/04/x1	7	Gastos com comunicação	Gastos com comunicação
9	Planejamento de produção	15/04/x1	7		
10	Planejamento logístico	20/04/x1	9	Materiais e mão de obra	Pgto. de materiais e MO

3.5 Questões de múltipla escolha sobre o tema 3

1. O momento do projeto em que normalmente se espera o fluxo de caixa mais abundante e que vai proporcionar o retorno esperado deste projeto é aquele que o modelo do Boston Consulting denomina de:
   (a) Adolescente.
   (b) Estrela.

(c) Vaca leiteira.

(d) Cachorro.

2. No ciclo de vida do projeto, o ciclo conceitual deve tratar, dentre outras coisas:

    (a) Da montagem da equipe do projeto.

    (b) Do estabelecimento dos fornecedores.

    (c) Da compra de equipamentos.

    (d) Das restrições conceituais.

3. No ciclo conceitual de um projeto uma atividade deve ser desenvolvida. Trata-se da:

    (a) Análise econômico-financeira.

    (b) Análise do potencial do mercado.

    (c) Análise da disponibilidade de mão de obra e sua contratação.

    (d) Análise da viabilidade da empresa.

4. Para que manter o controle do projeto após os investimentos feitos (ciclo pós-implantação)?

    (a) Para evitar desgastes se a diretoria fizer perguntas.

    (b) Para gerenciar o desenvolvimento do projeto e assegurar o retorno prometido pelo mesmo.

    (c) Para que os gestores pensem que estão sendo controlados.

    (d) Para dar emprego aos funcionários que desenvolvem o controle.

5. Segundo Meredith e Mantel (2000), quais são os fatores críticos do projeto no ciclo conceitual?

    (a) Missão e aspectos técnicos.

    (b) Missão, apoio da alta administração, aceitação do cliente e urgência.

    (c) Missão e envolvimento com o cliente.

    (d) Missão, atividades técnicas e envolvimento com o cliente.

6. A que corresponde erro do tipo 1 e quando é encontrado?

    (a) Baixa qualidade estratégica e baixa qualidade tática.

    (b) Baixa qualidade estratégica e alta qualidade tática.

    (c) Alta qualidade estratégica e alta qualidade tática do projeto.

    (d) Alta qualidade estratégica e baixa qualidade tática do projeto.

7. Erro do tipo 4 (ação conhecida que resolveria o problema mas não foi implementada) pode ser corrigido:
   (a) Com diminuição da qualidade tática do projeto.
   (b) Com aumento da qualidade tática do projeto.
   (c) Com aumento da qualidade estratégica.
   (d) Com diminuição da qualidade estratégica do projeto.

8. O cronograma de desenvolvimento do projeto deve começar por:
   (a) Tarefas mais específicas, depois pelos pré-requisitos.
   (b) Programas de projetos.
   (c) Atividades e pelos recursos necessários.
   (d) Datas de necessidade de recursos.

3.6 Roteiro de estruturação e análise de projeto – etapa 3

Os ciclos de um projeto devem ser visualizados para que seja possível analisar o trabalho.

As atividades requeridas nesta etapa são as seguintes:

- leitura do texto do material de apoio;
- solução das questões de múltipla escolha e exercício ("Identificação de tarefas") referentes a este tema;
- imagine o seu projeto e relacione as tarefas requeridas para que ele seja uma realidade;
- as tarefas devem ser pensadas em cada um dos ciclos do projeto. As tarefas, de preferência, devem ser razoavelmente fragmentadas para permitir aglutinação posterior;
- estabeleça os pré-requisitos (antecedentes) de cada tarefa;
- estabeleça um intervalo de tempo entre uma tarefa e outra;
- identifique os recursos necessários para cada uma dessas tarefas (quando for o caso);
- estabeleça um valor para ter o fluxo de caixa.

Caso tenha condições de utilizar o *software* MS Project, ou outro, favor fazê-lo; caso não tenha, utilize o formulário anexo.

Anexo 1. *Tarefas e cronograma de atividades.*

ID	Tarefa	Tarefa Precedente	Início	Fim	Recursos	Fluxo de caixa
1						
2						
3						
4						
5						
6						
7						
8						
9						
10						
11						
12						
13						
14						
15						
16						
17						
18						
19						
20						

4

Questões Financeiras Ligadas aos Projetos

Objetivos de aprendizagem

1. Conceituar fluxo de caixa, gastos, custos, despesas, investimentos e perdas.
2. Conceituar as demonstrações contábeis (balanço, demonstração de resultados e fluxo de caixa).
3. Explicitar a utilização dos demonstrativos contábeis na gestão em geral e sua ligação com os projetos.
4. Sensibilizar os leitores sobre a necessidade de dispor de indicadores para avaliação e acompanhamento dos projetos.
5. Sensibilizar os leitores sobre diferentes óticas de análise econômico-financeira de projetos.

Tópicos tratados

4.1 Aspectos monetários e não monetários da gestão de projetos
4.2 Demonstrações financeiras e seu relacionamento
4.3 Gastos: despesas, custos, investimentos e perdas
4.4 Modelo para estruturação de fluxo de caixa, demonstração de resultados e balanço patrimonial
4.5 Questões de múltipla escolha sobre o tema 4
4.6 Exercício 3: Abelhas

4.7 Exercício 4: Isso é caixa?

4.8 Roteiro de estruturação e análise de projeto – etapa 4

Questões provocativas

1. Existe relação entre o balanço, a demonstração de resultados e o fluxo de caixa?
2. O que é mais interessante para a empresa: ter um investimento ou um gasto?
3. O que a demonstração de resultados permite entender em uma empresa e em um projeto?
4. Por que se pode analisar um balanço patrimonial depois de saber a data de seu encerramento?
5. Um gasto deve se transformar em custo, perda ou despesa? Uma despesa pode se transformar em investimento no sentido financeiro?

Bibliografia complementar

ASSAF NETO, A. *Finanças corporativas*. São Paulo: Atlas, 2005.

FREZATTI, F. *Orçamento empresarial*: planejamento e controle gerencial. 4. ed. São Paulo: Atlas, 2007.

4.1 Aspectos monetários e não monetários da gestão de projetos

O cronograma de desenvolvimento do projeto deve identificar os recursos necessários e esses recursos devem ser transformados em uma dada mensuração monetária. A avaliação de um projeto passa pela abordagem econômico-financeira. Nesse sentido, este tema é tratado com o objetivo de permitir ao leitor entender os impactos econômicos e financeiros de um projeto e as suas consequências sobre a entidade que os abriga. Essa visão proporciona condições de um gerenciamento estruturado e a percepção de que um projeto pode ser adequado de maneira absoluta, mas inadequado quando relacionado com uma entidade.

As entidades desenvolvem suas operações para gerar caixa. Os recursos necessários para que o projeto de investimento seja operacionalizado demandam caixa. Assim sendo, o retorno a ser obtido deve ser apurado a partir do fluxo de caixa do projeto, que ao proporcionar entradas de caixa maiores do que as saídas gera condições de proporcionar o retorno ao investidor. Esse fluxo de caixa é denominado *"resultado financeiro do projeto"*, que pode ser superávit ou déficit de caixa. Por sua vez, a demonstração de resultados, de acordo com os princípios contábeis, deve ser elaborada e, ao proporcionar o resultado, seja ele lucro ou prejuízo, fica disponibilizado o *resultado econômico* da instituição ou do projeto.

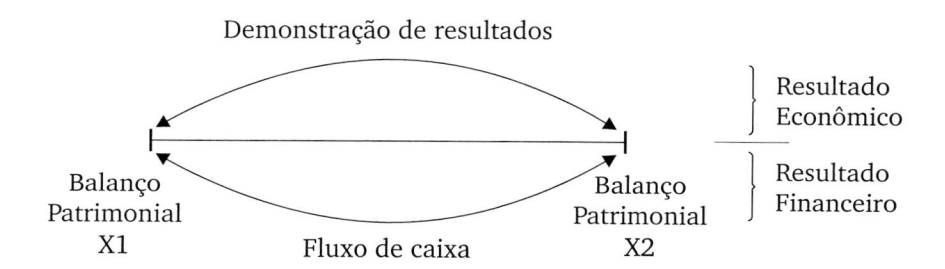

```
                 Demonstração de resultados
                                                        }  Resultado
                                                           Econômico
   Balanço                               Balanço
   Patrimonial                           Patrimonial   }  Resultado
   X1                                    X2               Financeiro
                   Fluxo de caixa
```

O balanço patrimonial complementa o tripé de demonstrações contábeis, permitindo consistência entre o resultado financeiro e o resultado econômico da entidade e mesmo do projeto.

Nos projetos mais simples, normalmente, a projeção do fluxo de caixa operacional (ou seja, aquele que não inclui projeção dos juros e outros itens não operacionais) acaba sendo suficiente para a avaliação do projeto. Contudo, nos casos de projetos de porte significativo, o tripé de demonstrativos é de fundamental importância, tanto para a análise e decisão sobre o projeto, como também para o acompanhamento do mesmo.

4.2 Demonstrações financeiras e seu relacionamento

Muito embora existam várias demonstrações contábeis, tanto para fins externos à empresa como internos, os demonstrativos básicos são:

- demonstração do resultado do exercício;
- balanço patrimonial; e
- demonstração dos fluxos de caixa.

Demonstração do resultado do exercício

A **demonstração do resultado do exercício** fornece um resumo financeiro dos resultados das operações da empresa durante um período específico, um intervalo de tempo. Pode ser elaborada com periodicidade mensal, trimestral, semestral ou anual, dependendo do usuário a ser atendido (interno ou externo).

Receita bruta
(–) Deduções (impostos sobre o faturamento, descontos e devoluções)
= Receita líquida
– Custo dos produtos vendidos (ou serviços prestados)
= Lucro bruto
– Despesas comerciais e administrativas
+/– Outras receitas/despesas operacionais
= Resultado operacional
+/– Receitas/despesas financeiras
+/– Outras receitas/despesas não operacionais
= Resultado antes do imposto de renda
– Provisão para imposto de renda e contribuição social
= Resultado líquido após imposto de renda

Os conceitos necessários para a elaboração da demonstração de resultados podem ser assim descritos:

a) **Receitas**: decorrentes do faturamento da empresa em determinado período (por exemplo: de janeiro a dezembro de um ano qualquer). A receita bruta da empresa não exclui os impostos relacionados com o faturamento, as devoluções e outros tipos de abatimento. A receita líquida exclui esses elementos.

b) **Custo dos produtos vendidos/serviços prestados**: custo total em que a empresa incorreu para produzir os produtos que vendeu e serviços que prestou.

c) **Lucro bruto**: valor remanescente para cobrir as despesas operacionais, financeiras e tributárias, depois de pagar os custos de produção e de geração dos serviços. Receitas líquidas menos o custo dos produtos vendidos proporciona esse valor.

d) **Despesas operacionais**: ou despesas operacionais líquidas. Incluem despesas de vendas e gerais/administrativas.

e) **Lucro operacional**: lucro proporcionado pela produção e venda dos produtos, depois que excluímos do valor das vendas os custos dos produtos vendidos e as despesas operacionais. Convém lembrar que os custos financeiros e tributários **não** são considerados no cálculo do lucro operacional. Por isso, ele também é conhecido como *lucro antes dos juros e imposto de renda: LAJIR*.

f) **Lucro líquido antes do imposto de renda**: lucro operacional, depois de descontados os custos financeiros líquidos pagos pela empresa no período, bem como outros resultados não operacionais.

g) **Lucro líquido depois do imposto de renda**: aplica-se a alíquota do imposto de renda ao valor do lucro líquido antes do imposto de renda e subtrai-se o valor assim calculado. O restante é o lucro líquido depois do imposto de renda.

h) **Lucro líquido disponível aos acionistas ordinários**: é o lucro líquido depois de descontado o valor do imposto de renda e depois de distribuídos os dividendos que cabem às ações preferenciais.

i) **Lucro por ação**: representa o montante ganho durante o período por cada ação ordinária emitida. O LPA dificilmente (só acidentalmente) é o mesmo valor pago aos acionistas preferenciais como dividendo.

Balanço patrimonial

O **balanço patrimonial** equivale à demonstração resumida da posição financeira da empresa em determinado período. Na linguagem mais popular, é a fotografia da empresa em um dado momento.

Ativo	**Passivo e Patrimônio Líquido**
Circulante	Circulante
Realizável a longo prazo	Passivo de longo prazo
Pernamente	Patrimônio líquido

De forma resumida, os conceitos são:

a) **Ativos**: conjunto de bens e direitos que a empresa possui, como caixa, estoques, imóveis etc.

b) **Ativo circulante**: ativo que pode ser convertido em dinheiro em menos de um ano. Os mais comumente encontrados são: caixa, investimentos no mercado financeiro, contas a receber, estoques, seguros etc.

c) **Ativo realizável a longo prazo**: ativos que irão se converter em caixa no longo prazo. Os mais encontráveis são estoques, contas a receber, depósito compulsório etc.

d) **Ativo permanente**: ativos que irão contribuir para a geração de caixa da empresa no longo prazo, tais como: máquinas, equipamentos, veículos, participações acionárias. Quando denominado líquido indica que a depreciação acumulada já foi deduzida.

e) **Depreciação acumulada**: total de despesas registradas como depreciação de ativos permanentes.

f) **Passivo**: obrigações da empresa para com terceiros.

g) **Passivo circulante**: exigibilidade que deve ser saldada em horizonte de até um ano. Exemplo: empréstimos, salários, fornecedores, impostos etc.

h) **Passivo de longo prazo**: são obrigações com vencimento que corre em prazo superior a um ano. Empréstimos de longo prazo, debêntures e contas a pagar são exemplos.

i) **Capital – ações preferenciais**: conta do patrimônio líquido que consiste em recursos obtidos com a venda de ações preferenciais para pessoas que se tornaram acionistas da empresa.

j) **Capital – ações ordinárias**: conta do patrimônio líquido que consiste em recursos obtidos com a venda de ações ordinárias para pessoas que se tornaram acionistas da empresa.

k) **Reservas**: conta do patrimônio líquido que consiste em montante de recursos mantidos para operações e contingências.

l) **Lucros retidos**: conta do patrimônio líquido que contém o acumulado de lucros obtidos ao longo dos anos, menos os dividendos (que foram pagos aos acionistas e, logo, não foram reinvestidos na empresa). Os lucros retidos não representam dinheiro disponível, mas sim fundos empregados no financiamento das atividades da empresa.

Demonstração do fluxo de caixa

A **demonstração do fluxo de caixa** é um resumo dos fluxos de caixa em determinado período. Uma aproximação estabelecida na contabilidade financeira é conhecida como "demonstração das fontes e usos" ou das "origens e aplicações de recursos" e permite visualizar o fluxo de caixa da empresa em relação a três tipos de atividades: as operacionais, as de investimento e as de financiamento. O método indireto de apuração do fluxo de caixa é o mais utilizado nessa montagem.

> + Fluxo de caixa operacional: entradas – saídas = fluxo
> + Fluxo de caixa do acionista: entradas – saídas = fluxo
> + Fluxo de caixa do investimento: entradas, saídas = fluxo
> = Fluxo de caixa da entidade

Gastos desembolsáveis e fluxo de caixa

O gestor financeiro tem a maior parte da sua atenção voltada aos fluxos de caixa da empresa. A montagem do fluxo de caixa pode se desenvolver a partir da apuração do lucro e adição dos itens que não representam efetiva saída de caixa. Evidentemente, todo gasto em algum momento afeta o caixa, mas não necessariamente no momento em que se apura o resultado. Dessa maneira, para ajustar a demonstração do resultado e obter o fluxo de caixa das operações, **todos os gastos não desembolsáveis devem ser acrescentados ao lucro líquido após o imposto de renda**. Itens não desembolsáveis são os custos e despesas lançados na demonstração do resultado, os quais não envolvem uma efetiva saída de caixa durante o período considerado. Exemplos desses itens são: depreciação, amortização e exaustão.

4.3 Gastos: despesas, custos, investimentos e perdas

Os recursos necessários para as operações implicam em gastos. Dessa maneira, **gasto** é um "sacrifício de valor para obtenção de produtos ou serviços, representado pela promessa ou entrega de ativos". Matérias-primas, equipamentos comprados e salários pagos são gastos. Por sua vez, o conceito de gasto independe de quando eles serão pagos, não importando se forem pagos antes, durante ou depois de sua utilização.

Os gastos, em um conceito genérico,[1] podem ser classificados de diferentes maneiras, sendo:

- investimento, quando a vida útil do recurso for de longo prazo, como um computador, por exemplo, que tem vida útil de longo prazo. Nesse caso, contabilmente será apurado e amortizado no horizonte de vida do mes-

---

[1] Para mais detalhes consultar Frezatti, 2007, p. 73-74.

mo. A depreciação do equipamento é a forma de reconhecer que uma parcela do ativo, em cada período, está sendo consumida. A depreciação de um equipamento que esteja apoiando a geração de um produto será um custo de produção, enquanto que um equipamento que estiver apoiando uma atividade administrativa e comercial implicará que a sua depreciação corresponderá a uma despesa;

- custo, quando o gasto estiver relacionado à geração do produto ou do serviço. Nesse sentido, para a produção de uma camisa são necessários: materiais, mão de obra direta, depreciação da máquina, energia elétrica e outros custos;
- despesas são gastos relacionados com a estrutura administrativa e comercial da entidade. Tratando de outra maneira, os gastos não se referem à geração de produtos e serviços. Gastos com os vendedores, gastos com serviços de terceiros, propaganda e publicidade correspondem a exemplos de despesas;
- perdas são gastos que não geram receitas. Existem perdas decorrentes da atividade operacional e perdas por gerenciamento. Em condições normais, as perdas são apresentadas junto com o custo dos produtos e serviços; entretanto, para efeitos de otimização de resultados, se as perdas não forem apresentadas de maneira separada, não será possível desenvolver um plano de ação para otimização.

4.4 Modelo para estruturação de fluxo de caixa, demonstração de resultados e balanço patrimonial

Dependendo da complexidade do projeto, a projeção da demonstração de resultados, balanço patrimonial e fluxo de caixa são essenciais para que seja possível projetar as informações monetárias de maneira consistente, com certo grau de integridade (o que foi faturado e não recebido está no "contas a receber", por exemplo). Para tanto, muitas vezes, a tarefa de estruturar esses demonstrativos pode ser complexa e demorada. Da mesma maneira, apurar os resultados de acordo com os métodos de avaliação de investimentos, com o auxílio de uma planilha eletrônica, pode ser um facilitador importante.

Sendo assim, o modelo é disponibilizado para que sirva de apoio ao participante, a fim de que desenvolva o SEU MODELO. Longe de estar pronto para qualquer alternativa, ele requer trabalho no sentido de adaptar seu formato àquele desejado pelo participante.

O primeiro modelo é aquele que dispõe dos três demonstrativos (Ilustrações 4.1 a 4.5):

		1	2	3	4	5	6	7	8	9	10	11	12	13	14	15	16	17	18
PREMISSAS MACRO																			
INFLAÇÃO	%	0,5%	0,5%	0,5%	0,5%	0,5%	0,5%	0,5%	0,5%	0,5%	0,5%	0,5%	0,5%	0,5%	0,5%	0,5%	0,5%	0,5%	0,5%
JUROS NOMINAIS EMPRÉSTIMOS	%	1,3%	1,3%	1,3%	1,3%	1,3%	1,3%	1,3%	1,3%	1,3%	1,3%	1,3%	1,3%	1,3%	1,3%	1,3%	1,3%	1,3%	1,3%
JUROS REAIS EMPRÉSTIMOS	%	0,8%	0,8%	0,8%	0,8%	0,8%	0,8%	0,8%	0,8%	0,8%	0,8%	0,8%	0,8%	0,8%	0,8%	0,8%	0,8%	0,8%	0,8%
JUROS NOMINAIS INVESTIMENTOS	%	1,0%	1,0%	1,0%	1,0%	1,0%	1,0%	1,0%	1,0%	1,0%	1,0%	1,0%	1,0%	1,0%	1,0%	1,0%	1,0%	1,0%	1,0%
JUROS REAIS INVESTIMENTOS	%	0,5%	0,5%	0,5%	0,5%	0,5%	0,5%	0,5%	0,5%	0,5%	0,5%	0,5%	0,5%	0,5%	0,5%	0,5%	0,5%	0,5%	0,5%
CUSTO DO CAPITAL PRÓPRIO	%	1,5%	1,5%	1,5%	1,5%	1,5%	1,5%	1,5%	1,5%	1,5%	1,5%	1,5%	1,5%	1,5%	1,5%	1,5%	1,5%	1,5%	1,5%
PREMISSAS OPERACIONAIS																			
PREÇO LÍQUIDO À VISTA	R$	10,00	10,00	10,00	10,00	10,00	10,00	10,00	10,00	10,00	10,00	10,00	10,00	10,00	10,00	10,00	10,00	10,00	10,00
QTDE	UNID	0	0	100	150	200	200	200	200	200	200	200	200	200	200	200	200	200	200
PREMISSAS DE IMPOSTOS																			
ICMS VENDAS	%	16,0%	16,0%	16,0%	16,0%	16,0%	16,0%	16,0%	16,0%	16,0%	16,0%	16,0%	16,0%	16,0%	16,0%	16,0%	16,0%	16,0%	16,0%
PIS & COFINS	%	2,7%	2,7%	2,7%	2,7%	2,7%	2,7%	2,7%	2,7%	2,7%	2,7%	2,7%	2,7%	2,7%	2,7%	2,7%	2,7%	2,7%	2,7%
ICMS COMPRAS	%	14,0%	14,0%	14,0%	14,0%	14,0%	14,0%	14,0%	14,0%	14,0%	14,0%	14,0%	14,0%	14,0%	14,0%	14,0%	14,0%	14,0%	14,0%
IMPOSTO DE RENDA	%	35,0%	35,0%	35,0%	35,0%	35,0%	35,0%	35,0%	35,0%	35,0%	35,0%	35,0%	35,0%	35,0%	35,0%	35,0%	35,0%	35,0%	35,0%
PREMISSAS DE CONSUMO																			
CONSUMO MP & EMBAL.	R$	4,00	4,02	4,04	4,06	4,08	4,10	4,12	4,14	4,16	4,18	4,20	4,23	4,25	4,27	4,29	4,31	4,33	4,35
CONSUMO MOD	R$	0,10	0,10	0,10	0,10	0,10	0,10	0,10	0,10	0,10	0,10	0,10	0,10	0,10	0,10	0,10	0,11	0,11	0,11
PREMISSAS DE GASTOS																			
COMISSÕES	%	5,0%	5,0%	5,0%	5,0%	5,0%	5,0%	5,0%	5,0%	5,0%	5,0%	5,0%	5,0%	5,0%	5,0%	5,0%	5,0%	5,0%	5,0%
PROP.&PUBLICIDADE	%	5,0%	5,0%	5,0%	5,0%	5,0%	5,0%	5,0%	5,0%	5,0%	5,0%	5,0%	5,0%	5,0%	5,0%	5,0%	5,0%	5,0%	5,0%
FRETES	%	2,0%	2,0%	2,0%	2,0%	2,0%	2,0%	2,0%	2,0%	2,0%	2,0%	2,0%	2,0%	2,0%	2,0%	2,0%	2,0%	2,0%	2,0%
DESP.ADM. & RH	%	0,5%	0,5%	0,5%	0,5%	0,5%	0,5%	0,5%	0,5%	0,5%	0,5%	0,5%	0,5%	0,5%	0,5%	0,5%	0,5%	0,5%	0,5%
CAPITAL DE GIRO																			
DIAS DE C. A RECEBER	DIAS	30	30	30	30	30	30	30	30	30	30	30	30	30	30	30	30	30	30
DIAS DE ESTOQUE DE MP	DIAS	22	22	22	22	22	22	22	22	22	22	22	22	22	22	22	22	22	22
DIAS DE ESTOQUE DE PROCESSO	DIAS	5	5	5	5	5	5	5	5	5	5	5	5	5	5	5	5	5	5
DIAS DE ESTOQUE DE PROD.ACAB.	DIAS	20	20	20	20	20	20	20	20	20	20	20	20	20	20	20	20	20	20
DIAS DE FORNECEDORES	DIAS	30	30	30	30	30	30	30	30	30	30	30	30	30	30	30	30	30	30

Ilustração 4.1 *Premissas para projeção.*

	1	2	3	4	5	6	7	8	9	10	11	12	13	14	15	16	17	18
RECEITA BRUTA			1245	1868	2491	2491	2491	2491	2491	2491	2491	2491	2491	2491	2491	2491	2491	2491
ICMS			199	299	398	398	398	398	398	398	398	398	398	398	398	398	398	398
PIS & COFINS			33	50	66	66	66	66	66	66	66	66	66	66	66	66	66	66
RECEITA LÍQUIDA			1013	1520	2026	2026	2026	2026	2026	2026	2026	2026	2026	2026	2026	2026	2026	2026
CUSTOS DIRETOS			414	624	836	841	845	849	853	857	862	866	870	875	879	883	888	892
MARGEM DE CONTRIBUIÇÃO			599	895	1190	1186	1181	1177	1173	1169	1165	1160	1156	1152	1147	1143	1138	1134
% S/RECEITA			59%	59%	59%	59%	58%	58%	58%	58%	57%	57%	57%	57%	57%	56%	56%	56%
GASTOS IND.DE FABRICAÇÃO																		
SALÁRIOS & ENCARGOS			100	102	102	102	103	103	103	103	103	103	105	105	105	106	106	106
DEPRECIAÇÃO			8	8	9	9	9	9	9	9	9	9	9	9	9	9	9	9
OUTROS			40	40	40	41	41	41	41	41	42	42	42	42	42	43	43	43
TOTAL GIF			148	150	150	151	152	153	153	153	153	154	155	156	156	158	158	158
MARGEM BRUTA			451	745	1039	1035	1029	1024	1020	1016	1011	1007	1000	996	991	985	980	976
% S/RECEITA			44%	49%	51%	51%	51%	51%	50%	50%	50%	50%	49%	49%	49%	49%	48%	48%
DESPESAS OPERACIONAIS:																		
COMISSÕES			51	76	101	101	101	101	101	101	101	101	101	101	101	101	101	101
PROP. & PUBL.			51	76	101	101	101	101	101	101	101	101	101	101	101	101	101	101
FRETES			20	30	41	41	41	41	41	41	41	41	41	41	41	41	41	41
DESP.ADM. & RH			5	8	10	10	10	10	10	10	10	10	10	10	10	10	10	10
TOTAL DESP.OPERACIONAIS			127	190	253	253	253	253	253	253	253	253	253	253	253	253	253	253
COR.MON.ATIVO	5	5	5	5	5	5	5	5	5	5	5	5	5	5	5	5	5	5
COR.MON.PL													-23	-25	-27	-30	-32	-35
JUROS - RECEITA			0	0	0	0	0	0	0	0	3	8	13	18	23	28	33	38
JUROS - DESPESA			-13	-25	-28	-28	-22	-15	-9	-2	0	0	0	0	0	0	0	0
RES. ANTES DO IR	5		316	535	763	758	759	761	763	765	766	767	743	741	739	735	733	732
IR	0		109	185	265	264	264	264	265	266	266	267	266	266	266	266	266	266
RES.LIQUIDO APÓS IR	5		207	349	498	495	495	496	498	499	500	500	477	475	473	469	467	465

Ilustração 4.2 *Demonstração de resultados.*

	1	2	3	4	5	6	7	8	9	10	11	12	13	14	15	16	17	18
CAIXA		0	0	0	0	0	0	0	0	0	0	0	0	0	0	0	0	0
INV.CP		0	0	0	0	0	0	0	0	313	815	1317	1816	2318	2819	3319	3820	4321
C. A REC. - SI			0	1245	1868	2491	2491	2491	2491	2491	2491	2491	2491	2491	2491	2491	2491	2491
C. A REC. - VENDAS			1245	1868	2491	2491	2491	2491	2491	2491	2491	2491	2491	2491	2491	2491	2491	2491
C. A REC. - RECEBIMENTO			0	1245	1868	2491	2491	2491	2491	2491	2491	2491	2491	2491	2491	2491	2491	2491
C. A REC. - SF			1245	1868	2491	2491	2491	2491	2491	2491	2491	2491	2491	2491	2491	2491	2491	2491
ESTOQUES MP - SI			0	296	447	598	601	605	607	610	614	617	620	623	626	629	632	635	639
ESTOQUES MP - COMPRAS			633	725	933	822	827	830	835	839	843	847	852	856	860	865	869	873	871
ESTOQUES MP - CONSUMO			337	575	782	819	824	828	832	836	840	844	849	853	857	862	866	870	871
ESTOQUES MP - SF			296	447	598	601	605	607	610	614	617	620	623	626	629	632	635	639	639
ESTOQUE PROC - SI			0	69	104	139	140	141	142	142	143	144	144	145	146	146	147	148	149
ESTOQUE PROC - ENTRADA MP			337	575	782	819	824	828	832	836	840	844	849	853	857	862	866	870	871
ESTOQUE PROC - ENTRADA MO			8	14	20	20	20	21	21	21	21	21	21	21	21	21	21	21	21
ESTOQUE PROC - PROD.ACABADA			276	554	766	839	843	848	852	856	860	864	869	873	877	882	886	891	892
ESTOQUE PROC - SF			69	104	139	140	141	142	142	143	144	144	145	146	146	147	148	149	149
ESTOQUE P.ACAB. - SI			0	276	416	558	560	563	566	569	572	574	577	580	583	586	589	592	595
ESTOQUE P.ACAB. - PROD.ACAB.			276	554	766	839	843	848	852	856	860	864	869	873	877	882	886	891	892
ESTOQUE P.ACAB. - CPV			0	414	624	836	841	845	849	853	857	862	866	870	875	879	883	888	892
ESTOQUE P.ACAB. - SF			276	416	558	560	563	566	569	572	574	577	580	583	586	589	592	595	595
TOTAL CIRCULANTE		0	641	2212	3163	3792	3799	3806	3812	3819	4139	4647	5155	5661	6170	6678	7184	7692	8194
EQUIPAMENTOS																			
CUSTO		1000	1005	1010	1015	1020	1025	1030	1036	1041	1046	1051	1056	1062	1067	1072	1078	1083	1088
DEPREC.ACUM				8	17	25	34	43	51	60	69	78	88	95	104	113	122	131	140
TOTAL ATIVO		1000	1646	3214	4162	4787	4791	4793	4796	4799	5116	5620	6125	6628	7132	7637	8140	8644	9142
EMPRÉSTIMOS		0	1008	1935	2133	2175	1681	1186	687	188	0	0	0	0	0	0	0	0	0
FORNECEDORES - SI		0	0	736	844	1085	956	962	966	971	976	980	985	991	995	1000	1006	1010	1015
FORNECEDORES - COMPRAS			736	844	1085	956	962	966	971	976	980	985	991	995	1000	1006	1010	1015	1013
FORNECEDORES - PAGAMENTOS			0	736	844	1085	956	962	966	971	976	980	985	991	995	1000	1006	1010	1015
FORNECEDORES - SF			736	844	1085	956	962	966	971	976	980	985	991	995	1000	1006	1010	1015	1013
CONTAS A PAGAR - EQUIP.		1000	0																
ICMS			-103	81	147	265	264	263	263	262	261	261	260	259	258	258	257	256	257
IR		0	0	109	185	265	264	264	264	265	266	266	267	266	266	266	266	266	266
PIS & COFINS				33	50	66	66	66	66	66	66	66	66	66	66	66	66	66	66
OUTROS																			
TOTAL CIRCULANTE		1000	1641	3002	3600	3728	3236	2744	2251	1756	1574	1578	1583	1586	1591	1596	1599	1604	1602
CM S/LUCROS NÃO DISTR.														23	48	75	105	137	172
LUCROS RETIDOS			5	212	562	1059	1554	2049	2545	3043	3542	4042	4542	5019	5493	5966	6436	6903	7368
TOTAL PL			5	212	562	1059	1554	2049	2545	3043	3542	4042	4542	5042	5541	6041	6541	7040	7540
TOTAL PL & EXIGÍVEL		1000	1646	3214	4162	4787	4791	4793	4796	4799	5116	5620	6125	6628	7132	7637	8140	8644	9142
		0	0	0	0	0	0	0	0	0	0	0	0	0	0	0	0	0	0

Ilustração 4.3 *Balanço patrimonial*.

	1	2	3	4	5	6	7	8	9	10	11	12	13	14	15	16	17	18
SALDO INICIAL		0	0	0	0	0	0	0	0	0	0	0	0	0	0	0	0	0
FLUXO DE CAIXA OPERACIONAL																			
ENTRADAS		0	0	1245	1868	2491	2491	2491	2491	2491	2491	2491	2491	2491	2491	2491	2491	2491	2491
FORNECEDORES		0	736	844	1085	956	962	966	971	976	980	985	991	995	1000	1006	1010	1015
CONTAS A PAGAR - EQUIP.		1000																	
SAL.& ENC. GIF		0	100	102	102	102	103	103	103	103	103	103	105	105	105	106	106	106
SAL & ENC. DIRETOS		8	14	20	20	20	21	21	21	21	21	21	21	21	21	21	21	21
OUTROS GIF		0	40	40	40	41	41	41	41	42	42	42	42	42	43	43	43	43
DESP.OPER.		0	127	190	253	253	253	253	253	253	253	253	253	253	253	253	253	253
ICMS		0	-103	81	147	265	264	263	263	262	261	261	260	259	258	258	257	256
PIS & COFINS			0	33	50	66	66	66	66	66	66	66	66	66	66	66	66	66
IR			0	109	185	265	264	264	264	265	266	266	267	266	266	266	266	266
TOTAL PGTOS		1008	914	1418	1883	1968	1973	1977	1982	1987	1992	1997	2004	2007	2012	2019	2023	2028
FLUXO DE CAIXA OPERACIONAL		-1008	-914	-172	-15	523	518	514	509	503	498	493	486	483	478	471	468	463
FLUXO FINANCEIRO																			
EMPRÉSTIMOS CAPTADOS		1008	1935	2133	2175	1681	1186	687	188	0	0	0	0	0	0	0	0	0
EMPRÉSTIMOS PAGOS			-1008	-1935	-2133	-2175	-1681	-1186	-687	-188	0	0	0	0	0	0	0	0
JUROS PAGOS			-13	-25	-28	-28	-22	-15	-9	-2	0	0	0	0	0	0	0	0
INVESTIMENTOS FEITOS			0	0	0	0	0	0	0	0	-313	-815	-1317	-1816	-2318	-2819	-3319	-3820	-4321
INVESTIMENTOS RESGATADOS				0	0	0	0	0	0	0	0	313	815	1317	1816	2318	2819	3319	3820
JUROS RECEBIDOS				0	0	0	0	0	0	0	0	3	8	13	18	23	28	33	38
TOTAL FLUXO FINANCEIRO		1008	914	172	15	-523	-518	-514	-509	-503	-498	-493	-486	-483	-478	-471	-468	-463
SALDO FINAL		0	0	0	0	0	0	0	0	0	0	0	0	0	0	0	0	0

Ilustração 4.4 *Fluxo de caixa*.

	1	2	3	4	5	6	7	8	9	10	11	12	13	14	15	16	17	18
% RECURSOS DE TERCEIROS	50,0%	50,0%	50,0%	50,0%	50,0%	50,0%	50,0%	50,0%	50,0%	50,0%	50,0%	50,0%	50,0%	50,0%	50,0%	50,0%	50,0%	50,0%
% RECURSOS PRÓPRIOS	50,0%	50,0%	50,0%	50,0%	50,0%	50,0%	50,0%	50,0%	50,0%	50,0%	50,0%	50,0%	50,0%	50,0%	50,0%	50,0%	50,0%	50,0%
% CUSTO DO PONDERADO DE CAPITAL	1,4%	1,4%	1,4%	1,4%	1,4%	1,4%	1,4%	1,4%	1,4%	1,4%	1,4%	1,4%	1,4%	1,4%	1,4%	1,4%	1,4%	1,4%
ENTRADA OPERACIONAL		0	0	1245	1868	2491	2491	2491	2491	2491	2491	2491	2491	2491	2491	2491	2491	2491
SAÍDA OPERACIONAL		-1008	-914	-1418	-1883	-1968	-1973	-1977	-1982	-1987	-1992	-1997	-2004	-2007	-2012	-2019	-2023	-2028
FLUXO DE CAIXA LIVRE		-1008	-914	-172	-15	523	518	514	509	503	498	493	486	483	478	471	468	463
VAL DO MÊS		-981	-876	-163	-14	481	470	460	449	438	428	418	406	398	388	377	369	360
VAL DO ACUMULADO		-981	-1857	-2020	-2034	-1553	-1084	-624	-175	263	690	1108	1514	1911	2300	2677	3046	3406

Ilustração 4.5 *Cálculo do valor atual líquido.*

Um modelo mais simples, contendo apenas o fluxo de caixa, é o seguinte:

Meses	Receitas líquidas de impostos geradas		Economias		Software	
	R$1.000	Comentários	R$1.000	Comentários	R$1.000	Comentários
0					1000	
1	1000					
2	1000					
3	1000		500			
4	1000					
5	1000		500			
6	1000					
7	1000					
8	1000					
9	1000					
10	1000					
11	1000					
12	1000					
13	1000					
14	1000					
15	1000					
16	1000					
17	1000					
18	1000					
19	1000					
20	1000					
21	1000					
22	1000					
23	1000					
24	1000					
25	1000					
26	1000					
27	1000					
28	1000					
29	1000					
30	1000					

Meses	Adaptação e instalação		Treinamento		Equipamentos	
	R$1.000	Comentários	R$1.000	Comentários	R$1.000	Comentários
0					1000	
1						
2						
3						
4						
5						
6						
7						
8						
9						
10						
11						
12						
13						
14						
15						
16						
17						
18						
19						
20						
21						
22						
23						
24						
25						
26						
27						
28						
29						
30						

Questões Financeiras Ligadas aos Projetos 63

Em $ 1000 Meses	Softwares			
	Saldo inicial	Entradas	Apropriações	Saldo final
0	-	1.000	17	983
1	983	-	16	967
2	967	-	16	951
3	951	-	16	934
4	934	-	16	918
5	918	-	16	901
6	901	-	16	885
7	885	-	16	869
8	869	-	16	852
9	852	-	16	836
10	836	-	16	819
11	819	-	16	803
12	803	-	16	787
13	787	-	16	770
14	770	-	16	754
15	754	-	16	738
16	738	-	16	721
17	721	-	16	705
18	705	-	16	688
19	688	-	16	672
20	672	-	16	656
21	656	-	16	639
22	639	-	16	623
23	623	-	16	606

Em $ 1000 Meses	Equipamentos			
	Saldo inicial	Entradas	Apropriações	Saldo final
0	-	1.000	17	983
1	983	-	16	967
2	967	-	16	951
3	951	-	16	934
4	934	-	16	918
5	918	-	16	901
6	901	-	16	885
7	885	-	16	869
8	869	-	16	852
9	852	-	16	836
10	836	-	16	819
11	819	-	16	803
12	803	-	16	787
13	787	-	16	770
14	770	-	16	754
15	754	-	16	738
16	738	-	16	721
17	721	-	16	705
18	705	-	16	688
19	688	-	16	672
20	672	-	16	656
21	656	-	16	639
22	639	-	16	623
23	623	-	16	606

Em $ 1.000

Meses	Receitas geradas	Economia de gastos	Software	Adaptação e instal.	Trein.	Equip.	Man.	Outros	Impacto tributário	Fluxo líq. Corrente	Valor pres. (período)
0	0	0	1000	0	0	1000	0	0	0	-2000	-2000
1	1000	0	0	0	0	0	0	0	-319	681	661
2	1000	0	0	0	0	0	0	0	-319	681	642
3	1000	500	0	0	0	0	0	0	-484	1016	930
4	1000	0	0	0	0	0	0	0	-319	681	605
5	1000	500	0	0	0	0	0	0	-484	1016	876
6	1000	0	0	0	0	0	0	0	-319	681	570
7	1000	0	0	0	0	0	0	0	-319	681	554
8	1000	0	0	0	0	0	0	0	-319	681	537
9	1000	0	0	0	0	0	0	0	-319	681	522
10	1000	0	0	0	0	0	0	0	-319	681	507
11	1000	0	0	0	0	0	0	0	-319	681	492
12	1000	0	0	0	0	0	0	0	-319	681	478
13	1000	0	0	0	0	0	0	0	-319	681	464
14	1000	0	0	0	0	0	0	0	-319	681	450
15	1000	0	0	0	0	0	0	0	-319	681	437
16	1000	0	0	0	0	0	0	0	-319	681	424
17	1000	0	0	0	0	0	0	0	-319	681	412
18	1000	0	0	0	0	0	0	0	-319	681	400
19	1000	0	0	0	0	0	0	0	-319	681	388
20	1000	0	0	0	0	0	0	0	-319	681	377
21	1000	0	0	0	0	0	0	0	-319	681	366
22	1000	0	0	0	0	0	0	0	-319	681	355
23	1000	0	0	0	0	0	0	0	-319	681	345
24	1000	0	0	0	0	0	0	0	-319	681	335
25	1000	0	0	0	0	0	0	0	-319	681	325
26	1000	0	0	0	0	0	0	0	-319	681	316
27	1000	0	0	0	0	0	0	0	-319	681	306
28	1000	0	0	0	0	0	0	0	-319	681	298
29	1000	0	0	0	0	0	0	0	-319	681	289
30	1000	0	0	0	0	0	0	0	-319	681	280
31	1000	0	0	0	0	0	0	0	-319	681	272
32	1000	0	0	0	0	0	0	0	-319	681	264
33	1000	0	0	0	0	0	0	0	-319	681	257
34	1000	0	0	0	0	0	0	0	-319	681	249
35	1000	0	0	0	0	0	0	0	-319	681	242
36	1000	0	0	0	0	0	0	0	-319	681	235
37	1000	0	0	0	0	0	0	0	-319	681	228
38	1000	0	0	0	0	0	0	0	-319	681	221
39	1000	0	0	0	0	0	0	0	-319	681	215
40	1000	0	0	0	0	0	0	0	-319	681	209
41	1000	0	0	0	0	0	0	0	-319	681	203
42	1000	0	0	0	0	0	0	0	-319	681	197
43	1000	0	0	0	0	0	0	0	-319	681	191
44	1000	0	0	0	0	0	0	0	-319	681	185
45	1000	0	0	0	0	0	0	0	-319	681	180
46	1000	0	0	0	0	0	0	0	-319	681	175
47	1000	0	0	0	0	0	0	0	-319	681	170
48	1000	0	0	0	0	0	0	0	-319	681	165
49	1000	0	0	0	0	0	0	0	-319	681	160
50	1000	0	0	0	0	0	0	0	-319	681	155
51	1000	0	0	0	0	0	0	0	-319	681	151
52	1000	0	0	0	0	0	0	0	-319	681	146
53	1000	0	0	0	0	0	0	0	-319	681	142
54	1000	0	0	0	0	0	0	0	-319	681	138
55	1000	0	0	0	0	0	0	0	-319	681	134
56	1000	0	0	0	0	0	0	0	-319	681	130
57	1000	0	0	0	0	0	0	0	-319	681	126
58	1000	0	0	0	0	0	0	0	-319	681	123
59	1000	0	0	0	0	0	0	0	-319	681	119
60	1000	0	0	0	0	0	0	0	-319	681	116
Total	60000	1000	1000	0	0	1000	0	0	-19481	39519	

Taxa de custo de oportunidade 3% am
Valor presente líquido 17438
Pay back
TIR 38% am

4.5 Questões de múltipla escolha sobre o tema 4

1. As demonstrações contábeis básicas são:
   (a) DOAR, fluxo de caixa e balanço patrimonial.
   (b) Balanço patrimonial, demonstração do resultado e fluxo de caixa.
   (c) Demonstração de resultados, demonstração de origens e aplicações de recursos e fluxo de operações.
   (d) DOAR, demonstração de resultados do período e demonstrações das mutações do patrimônio líquido.

2. O resultado econômico é identificado:
   (a) No fluxo de caixa.
   (b) Na demonstração de origens e aplicações de recursos.
   (c) Na demonstração de resultados e balanço patrimonial.
   (d) Na demonstração das mutações do patrimônio líquido.

3. Receitas líquidas de vendas, custo dos produtos vendidos, despesas administrativas e despesas com juros são contas da(o):
   (a) Demonstração de resultados do período.
   (b) Fluxo de caixa do período.
   (c) Demonstração das origens e aplicações de recursos.
   (d) Balanço patrimonial.

4. Quando se fala do balanço patrimonial, demonstração de resultados e fluxo de caixa, afirma-se que:
   (a) Os três são independentes e, ao elaborar um deles, os demais não são impactados.
   (b) Os três são interligados, mas, ao elaborar um deles, os demais não são impactados.
   (c) Os três são independentes e, ao elaborar um deles, os demais são impactados.
   (d) Os três são interligados e, ao elaborar um deles, os demais são impactados.

5. O demonstrativo que pode ser separado em fluxo operacional, fluxo do acionista, fluxo do ativo permanente e fluxo financeiro é:
   (a) Fluxo de caixa.
   (b) Demonstração de resultados.

(c) Demonstração dos fluxos do resultado do período.

(d) Balanço patrimonial.

6. Os gastos podem ser divididos em:

    (a) Custos, amortizações, investimentos e perdas.

    (b) Diferimentos, custos, despesas e perdas.

    (c) Diferimentos, despesas, investimentos e perdas.

    (d) Custos, despesas, investimentos e perdas.

7. Suponha que um computador tenha sua depreciação apurada e seja transferido da contabilidade para a área de manutenção da fábrica. Essa depreciação passa a ser:

    (a) Despesas comerciais.

    (b) Custo indireto de fabricação.

    (c) Investimento indireto em perdas.

    (d) Perdas por não uso do advogado.

8. Gasto é "um sacrifício de valor com que a entidade arca para obter recursos". Para identificar um gasto:

    (a) Não importa se o pagamento ocorreu ou vai ocorrer.

    (b) É fundamental saber quando ocorre o pagamento.

    (c) Precisa haver um pagamento no passado, mínimo que seja.

    (d) Tem que ter sido pago com cheque.

4.6 Exercício 3: Abelhas

1. Enunciado

No interior do Estado de São Paulo existe uma cidade chamada ITÁPOLIS, local muito agradável e progressista. O único problema dessa cidade é a sombra, pois construíram um prédio numa cidade vizinha e, a partir daí, o sol não tem mais aparecido por lá. As pessoas na cidade se alimentam exclusivamente com o mel produzido pelas abelhas, o que faz com que tais animaizinhos sejam muito valorizados na cidade.

Bom, nessa cidade viviam três amigos que criavam abelhas. Eles cresceram juntos e, durante a infância, tinham diversões simples, tais como colher mel dos bosques da região. Desenvolveram tamanha habilidade em conversar com as abelhas e aumentar a produção de mel que a diversão se tornou um negócio interessante e rentável para o trio. Com o passar do tempo, cada um abriu o seu próprio negócio, fora da Região Metropolitana da Grande Itápolis (conhecida popularmente por RMGI). Isso implicou queda da receita da cidade em 95%. Passados vários anos, os três se reuniram em Itápolis em decorrência do casamento de uma prima de um deles e, ao lado da churrasqueira, tomando um bom caldo de cana, iniciaram a seguinte conversa:

Amigo um:

"Turma. Fiz um excelente negócio. Quando saí da cidade tinha 30 abelhas. Elas se reproduziram e cheguei a ter 1.000.000 de abelhas adultas. Era uma beleza! Troquei 100.000 delas por um carro, que uso para passear com a família, e agora, depois de alguns meses, tenho 1.700.000 abelhas. Sou o cara mais rico desta cidade."

O segundo abelhudo, digo, abelheiro, falou:

"Amigo um, fique sabendo que eu saí daqui com 30 abelhinhas formidáveis e elas se reproduziram. Cuidei muito bem delas e troquei 1.500.000 abelhas por uma casa com piscina, adega e cinco quartos com suíte. Hoje tenho cerca de 300.000 abelhas maravilhosas. É claro que eu sou o grande vencedor. O meu projeto é muito melhor do que os projetos que vocês desenvolveram. É óbvio!"

O terceiro cidadão itapolitano falou:

"É uma pena, mas vocês precisam aprender a analisar melhor um projeto. É muita miopia! Lembra que vocês me deixaram as 30 abelhas mais magrinhas? Pois é, embora magrinhas, elas eram muito resistentes e se multiplicaram. Depois de algum tempo eu vendi todas as 500.000 abelhas e comprei ações da Enronlada S.A. Depois de alguns meses, eu troquei as ações por 1.800.000 novas abelhas."

2. Perguntas

1. Como fazer o inventário das abelhas para saber quantas são?
2. Qual a moeda de decisão que permitiria aos três amigos conversar?
3. Qual dos três seria o mais rico?
4. Qual negócio tem mais "futuro"?
5. Essa estória tem algo a ver com a entidade em que você trabalha? Em caso positivo, o que tem?

4.7 Exercício 4: Isso é caixa?

1. Enunciado

A vida do pequeno empresário não é fácil mesmo! Levantar cedo, correr atrás de clientes, fazer o planejamento fiscal, enfim, a vida de empregado era mais simples. Bom, mas há outras coisas a considerar, como por exemplo... a liberdade de decidir que direção tomar. É assim mesmo: poder investir onde quiser, não ter que se restringir a opções pouco criativas. Isso deveria ser o suficiente para motivar um profissional. Mas a incerteza de Paulo era muito maior. No momento, várias alternativas de decisão eram apresentadas e a dúvida permanecia. Paulo sabia que, como principal executivo da empresa, deveria liderar esse processo, mas tinha uma dúvida vital: deveria aprovar o projeto com maior retorno, simplesmente porque tinha o maior retorno? Mesmo que não fosse um projeto relacionado com a visão de longo prazo da empresa?

Essa dúvida era muito razoável e mesmo normal. Afinal, a empresa CompBestpontocom, fundada na década de 80 por dois estudantes recém-formados, teve muita dificuldade para sobreviver nos primeiros anos de sua existência. Contudo, paulatinamente, seu crescimento se tornou consistente e estruturado. No início, a ideia era atender os amigos, montando os micros de que eles precisassem, a partir da importação de componentes, na garagem da namorada de um deles. Com o passar do tempo, com o boca a boca sendo desenvolvido, a empresa foi criando personalidade própria e se transformou numa entidade jurídica, de fato, em meados dos anos 90, com a ocorrência do Plano Real.

A montagem de computadores se tornou uma coisa simples, sem grandes segredos, mesmo para os menos privilegiados. A procura por nichos de mercado fez com que a empresa identificasse várias alternativas de investimento que foram caracterizadas como A, B, C, D, E e F. Tais alternativas não são mutuamente exclusivas, mas existe um limite para o montante de recursos disponíveis (considerando o capital próprio e de terceiros, no máximo $ 1,5 milhão, a um custo ponderado de 20% a.a.), o que faz com que a empresa se preocupe em analisar rigorosamente o retorno proporcionado. No que se refere à caracterização dos projetos, temos o seguinte:

A) compra de novos equipamentos para **desenvolvimento de um novo produto X**.
B) compra de parte de participação de uma empresa para **incluir o produto Z**, que interessa à empresa e já está disponível para ser adquirida, no portfólio.
C) compra de equipamentos para atuar em **nicho de produto U, a ser desenvolvido junto com o cliente**.
D) compra de equipamentos e aumento de equipe para **aumento da capacidade de atendimento de um produto T** já existente na empresa.

E) criação de uma nova empresa para **aumentar a capacidade de prestação de serviços de Y e, depois de três anos, para ser vendida**.

A diretoria da empresa, uma vez resolvida a questão da aderência estratégica, deseja identificar os elementos dos projetos que se caracterizam como sendo fluxo de caixa de cada projeto. As informações estão disponíveis, mas existem dúvidas em relação a que método utilizar e você foi aquinhoado com uma carga extra de trabalhos para tratar as questões referentes ao que considerar em cada projeto.

2. Questões

1. O que consideraria para identificar o **fluxo de caixa** de cada projeto?
2. A Tabela 4.1 relaciona, por projeto, uma série de elementos que poderiam ou não ser considerados no **fluxo de caixa** dos projetos (**não esgotam as possibilidades**). Quais deveriam ser considerados por projeto?

Observação: os alunos podem assumir premissas para as questões que considerem importantes e que não tenham sido explicitadas. Única exigência: devem deixar claras essas premissas.

Tabela 4.1 *Itens para identificar fluxo de caixa.*

Descrição	Projeto A	Projeto B	Projeto C	Projeto D	Projeto E
Valor do equipamento comprado incluindo IPI	Xx		xx	Xx	
Depreciação mensal do equipamento	Xx		Xx	Xx	
Pagamento do instalador da estrutura		Xx			
Gastos com o frete para trazer o equipamento	Xx			Xx	
Valor do cheque de pagamento pela participação acionária		Xx			
Receita mensal pela compra da participação		Xx			
Gastos incorridos com a prestação de serviços (custos e despesas)		Xx			
Receita do novo produto			Xx		
Provisão para devedores duvidosos		xx	Xx	Xx	
Provisão para perdas com estoques		Xx			
Projeto do equipamento feito por consultor contratado	Xx				
Avaliação desenvolvida por especialista		XX			
Impostos atrasados não pagos pelo antigo dono que serão pagos pelo comprador		Xx			

Descrição	Projeto A	Projeto B	Projeto C	Projeto D	Projeto E
Aluguel de salas para a empresa operar					Xx
Juros de empréstimos		Xx			xx
Gastos com registro em cartório e outros documentos legais					xx
Gastos com demolição do prédio que deve alojar o novo equipamento			Xx		
Novo prédio e infraestrutura necessária ao novo equipamento			Xx		
Imposto de renda referente ao resultado marginal do projeto		Xx			
Salário de equipe de funcionários				Xx	
Treinamento de funcionários				Xx	

Ratificar ou alterar as classificações feitas por meio do "X".

4.8 Roteiro de estruturação e análise de projeto – etapa 4

Esta etapa tem por objetivo identificar os fluxos necessários para a análise do projeto. Caso você precise tanto da análise econômica como da financeira do projeto, vai ter que estruturar o balanço patrimonial e a demonstração de resultados, além do fluxo de caixa do projeto. Caso só tenha a preocupação sobre a análise financeira, só terá que estruturar o fluxo de caixa.

As atividades requeridas nesta etapa são as seguintes:

- leitura do texto do material de apoio;
- solução das questões de múltipla escolha e exercícios ("Abelhas" e "Isso é caixa?") referentes a este tema;
- baseado no cronograma desenvolvido na etapa anterior, identifique:
  – as informações necessárias para a demonstração de resultados e balanço patrimonial, se forem necessárias no seu tipo de projeto;
  – as informações necessárias para a montagem do fluxo de caixa, sem contaminação de juros e depois dos investimentos em ativo permanente;
- elabore os demonstrativos necessários.

Utilize algum dos modelos ou desenvolva o seu na projeção do fluxo de caixa para o período.

5

Métodos de Avaliação de Investimentos

Objetivos de aprendizagem

1. Identificar e conceituar os principais métodos de avaliação de investimentos.
2. Apresentar as limitações dos métodos de avaliação de investimentos.
3. Evidenciar o papel do custo de oportunidade na análise de projetos.
4. Demonstrar os impactos dos diferentes cenários na aceitação e gestão dos projetos.

Tópicos tratados

5.1 As várias metodologias
5.2 Métodos baseados no fluxo de caixa
5.3 Métodos baseados no resultado econômico-contábil
5.4 Custo de oportunidade
5.5 Questões relevantes na utilização dos métodos de avaliação de investimentos
5.6 Questões de múltipla escolha sobre o tema 5
5.7 Exercício 5: Táxi
5.8 Roteiro de estruturação e análise de projeto – etapa 5

Questões provocativas

1. Quais são os métodos de avaliação de investimentos denominados não sofisticados?
2. Levando em conta apenas o *payback* simples e o valor presente líquido, qual dos métodos você escolheria como principal para análise de projetos?
3. Qual o impacto sobre o valor da empresa quando o custo de oportunidade é superior às taxas internas de retorno do projeto?
4. Um projeto aprovado para um cenário de taxa de juros de 10% a.a. pode se tornar um projeto não interessante em um cenário de taxa de juros de 20% a.a.?
5. Como posso calcular o custo de oportunidade de uma empresa e de um projeto?

Bibliografia complementar

ASSAF NETO, A. *Finanças corporativas*. São Paulo: Atlas, 2005.

FREZATTI, F. *Gestão de valor na empresa*. São Paulo: Atlas, 2002.

ROSS, S.; WESTERFIELD, R.; JAFFE, J. *Administração financeira*: corporate finance. São Paulo: Atlas, 1995.

STEWART, G. B. *The quest for value*. New York: Harper Business, 1991.

5.1 As várias metodologias

Em um dado momento do desenvolvimento do projeto, é fundamental que os gestores da organização tenham a adequada percepção dos benefícios que o projeto deve trazer à entidade. Esses benefícios podem ser de complexa percepção, tanto no que diz respeito ao impacto sobre várias áreas da entidade, como também no que se refere ao horizonte temporal. Nesse momento, as metodologias de avaliação de investimento surgem como uma forma de, traduzido para uma mesma base monetária, poder analisar o potencial de agregação de valor do projeto. Nesse momento, a análise pode ter duas diferentes, mas complementares, vertentes: (i) quais projetos agregam e quais não agregam valor? (ii) dado um certo nível de restrição orçamentária, quais os projetos que mais agregam valor? Como consequência das duas questões: quais projetos deveriam ser escolhidos pela entidade para serem implementados? Posteriormente, no Capítulo 6, este tema será retomado, incluindo outro tipo de abordagem, além da econômico-financeira.

Diversas técnicas podem ser usadas para determinar a viabilidade ou a classificação de projetos. Em um primeiro momento, consideremos que os projetos comparados têm o mesmo nível de **risco** e **tempo de vida** igual, e que a empresa não possua **recursos limitados para o financiamento dos projetos**. Posteriormente, estas hipóteses, devidamente tratadas, podem ser eliminadas.

Dentro da visão metodológica, existem duas vertentes para a identificação de métodos de avaliação de investimentos: baseados no fluxo de caixa e baseados em resultados econômico/contábil. As abordagens que consideram o primeiro tipo têm como característica a identificação dos fluxos de caixa do projeto, ou seja, as entradas e saídas de caixa decorrentes do fato de o projeto ser implementado, ignorando apropriações, provisões, diferimentos e amortizações. A maioria dos métodos utilizados decorre dessa abordagem, para que sejam evitados alguns tipos de distorções por questões de apropriações contábeis. São eles: o período de *payback* simples, o período de *payback* ajustado, a taxa interna de retorno, a taxa interna de retorno ajustada, o valor presente líquido e o índice de lucratividade.

Por sua vez, os métodos que se baseiam na abordagem econômica-contábil são aqueles que consideram os impactos econômicos de um projeto, apurados por meio das demonstrações (balanço patrimonial e demonstração de resultados). Diferimentos, amortizações e provisões, consistentemente, fazem parte das projeções desenvolvidas e, neste caso, a taxa média de retorno e EVA (*economic value added*) são as metodologias mais frequentemente encontradas.

O que é importante considerar é que um dado projeto, desde que se considerem as mesmas dimensões de tempo e taxa de custo de oportunidade, proporcionará o mesmo valor, tanto sendo considerado o método a partir do fluxo de caixa (o valor presente líquido) como o método econômico-contábil (EVA).

A literatura distingue os métodos de avaliação de investimentos quanto a sua imperfeição perante o efeito do valor no tempo. São denominados "métodos não sofisticados" aqueles que ignoram o efeito do dinheiro no tempo, com consequentes distorções sobre os resultados obtidos. Os métodos considerados como "métodos não sofisticados" são: o *payback* simples e a taxa média de retorno. Por sua vez, os métodos sofisticados são: o *payback* ajustado, a taxa interna de retorno, a taxa interna de retorno ajustada, o valor presente líquido, o índice de lucratividade e o EVA.

5.2 Métodos baseados no fluxo de caixa

Os métodos que se baseiam em fluxo de caixa dos projetos são:

5.2.1 *Período de* payback *(simples)*

Corresponde ao **período de tempo necessário para que a empresa recupere, por meio de entradas de caixa, o investimento inicial do projeto**. A empresa aceitará o projeto sempre que este período for inferior ao período máximo aceitável, definido pela entidade para todos os projetos ou desde que seja discriminado tal período para tipos distintos de projetos.

Exemplo:

Investimento de $ 100 no momento 0

Entradas de caixa nos momentos (anos) 1, 2, 3 e 4 de $ 50

Anos	Fluxo de caixa	Saldo
0	– 100	– 100
1	50	– 50
2	50	0
3	50	50
4	50	100

O período de *payback* demonstrado é de dois anos. Isso implica dizer que em dois anos o investimento é recuperado. O demonstrativo apresentado a seguir mostra na coluna o saldo no momento em que a recuperação ocorre. Para usar o *payback* uma entidade precisa de um padrão de aceitação, indicando o prazo que considere adequado. Dentre os vários aspectos considerados para a definição de um período adequado de *payback*, os mais frequentes são: (i) vida útil dos ativos:

não faz sentido aceitar um período de *payback* de cinco anos para um projeto em que os ativos tenham vida útil de três, por exemplo; (ii) grau de intensidade da demanda por caixa: em situações em que a instituição tenha muita pressão por entradas de caixa, poderá haver a tendência de reduzir os prazos aceitáveis de *payback*, o que pode implicar em gerar distorções estratégicas, dados os componentes financeiros; e (iii) tipos distintos de projetos: quando os gestores perceberem a necessidade de discriminação de diferentes prazos de maturação de seus projetos, os prazos aceitáveis podem ser diferenciados por vários tipos de projetos de investimentos.

No exemplo anterior, ao dizer que aceitam-se projetos com *payback* inferior a três anos, o projeto explicitado poderia ser aceito.

Nos casos em que o cálculo do *payback* não possa ser exato, uma regra de três pode ser feita. Exemplo:

Anos	Fluxo de caixa	Saldo
0	– 100	– 100
1	30	– 70
2	50	– 20
3	70	50
4	50	100

Uma vez identificado o período em que o *payback* já teria ocorrido (ano 3), percebe-se que ao final do ano 2 o saldo a recuperar era de $ 20. A regra de três deve ser aplicada da seguinte forma: (20/70 * 12 = 4 meses), correspondendo, portanto, a 2 anos e 4 meses.

Ainda que seja uma técnica de fácil uso e apelo intuitivo (além de, implicitamente, considerar o fator tempo na decisão), o cálculo do *payback* apresenta várias limitações:

- o período máximo aceitável é determinado com razoável grau de subjetividade. Nesse sentido, é importante que seja definido pela entidade, para que seja percebido como algo "justo" para as várias áreas da entidade;
- o fator tempo é considerado apenas implicitamente, ou seja, se os valores não forem ajustados por uma taxa de custo de oportunidade, o cálculo apurado será distorcido;
- não considera as entradas de caixa que ocorrerem depois de seu período. Dessa maneira, projetos com diferentes perspectivas de retorno

serão tratados de maneira semelhante, sem discriminação, o que é o grande objetivo do método. No exemplo apresentado, o projeto A é visivelmente superior ao projeto B, mas ambos têm o mesmo período de *payback*, ou seja, não foram diferenciados pelo método. Nos casos simples como o do exemplo, isso pode ser percebido visualmente; entretanto, em um conjunto de projetos, com magnitudes distintas, isso pode ser muito mais difícil de ser analisado.

Anos	Projeto A			Projeto B		
	Fluxo	Acumulado	*Payback*	Fluxo	Acumulado	*Payback*
0	– 100	– 100		– 100	– 100	
1	50	– 50		50	– 50	
2	50	0	2	50	0	2
3	50	50		0	0	
4	50	100		0	0	

5.2.2 Período de payback ajustado

O método do *payback* ajustado corresponde a um aperfeiçoamento do *payback* simples, sendo apurado a partir da projeção do fluxo de caixa onde se aplica uma dada taxa de custo de oportunidade. Como pode ser percebido pelo exemplo, a uma taxa de 23,4% a.a., o fluxo de caixa ajustado é inferior ao fluxo nominal (aquele sem nenhum ajuste). Dessa maneira, ao calcular o fluxo acumulado, o período de *payback* se altera de dois para três anos. Caso a instituição tenha como parâmetro um período de dois anos, o projeto não será aceito.

Anos	Projeto A			
	Fluxo nominal	Fluxo ajustado	Acumulado	*Payback*
0	– 100	(100)	(100)	
1	50	41	(59)	
2	50	33	(27)	
3	50	27	0	3
4	50	22	22	

Taxa de custos de oportunidade 23,4%

Uma redução na taxa de custo de oportunidade aplicada ao projeto reduziria o período de *payback* e o inverso também é verdadeiro.

De qualquer forma, apesar de reduzir a limitação, o *payback* ajustado tem um aspecto desfavorável em decorrência do fato de o método não capturar impacto além do prazo de *payback*. Como consequência, o método se presta a ser auxiliar, utilizado adicionalmente para a análise de projetos.

5.2.3 Taxa interna de retorno (TIR)

Corresponde à **taxa de desconto que iguala o valor presente das entradas de caixa ao investimento inicial do projeto**. O método consiste na identificação da taxa a partir de um dado fluxo de caixa do projeto. Como regra de aceitação, o projeto será aceito se apresentar TIR superior ao custo de oportunidade da empresa. No exemplo apresentado a seguir, a TIR é de 35% a.a. e o custo de oportunidade, de 23,4% a.a. Nessas condições, o projeto pode ser aceito em termos econômicos, pois o diferencial das taxas é positivo (35 − 23,4 = 11,6%). Uma diferença de taxa negativa (TIR − custo de oportunidade) indicaria que haverá destruição de valor.

Exemplo:

Anos	Fluxo de caixa
0	− 100
1	50
2	50
3	50
4	50

As limitações mais relevantes identificadas no método são as seguintes:

- intrinsecamente ao método, as reaplicações do fluxo de caixa ocorrem à mesma taxa da TIR. Dessa maneira, a taxa obtida pode ser sub ou superestimada e o projeto pode ser inadequadamente entendido;
- dependendo do fluxo de caixa, pode existir mais de uma TIR, o que, embora matematicamente possível, é pouco provável em situações práticas mais corriqueiras;
- no caso de situações de ordenamento, a entidade, para dispor de alternativa que permita ordenar os projetos dos mais adequados para os menos adequados, precisa de outro método, normalmente o VPL (valor presente líquido).

5.2.4 Taxa interna de retorno modificada (TIRM)

Com o objetivo de eliminar a imperfeição da reaplicação do fluxo de caixa, **foi criado um método acessório**, denominado de TIR modificada. Corresponde a uma taxa média de todo o fluxo de caixa do projeto, que considera as captações de financiamentos dos recursos e suas correspondentes taxas, bem como as entradas de caixa e suas correspondentes taxas de aplicações de recursos. A rigor não se trata de uma taxa interna de retorno, mas é assim denominada.

No exemplo oferecido anteriormente, o fluxo de saída deveria ser trazido a valor presente (momento "0") pela taxa do custo de oportunidade da entidade e o fluxo de entrada deveria ser levado para o valor futuro (momento "n") pela taxa de aplicação da disponibilidade de caixa no mercado financeiro (no caso, utilizados 10% a.a.). Uma vez obtidos os dois valores, dividindo-se o valor futuro pelo valor presente é obtido um fator. Achando-se a raiz "n" desse fator, elimina-se o "1" e multiplica-se por 100; assim, temos o percentual da taxa interna de retorno modificada média ao período.

Anos	Projeto A			
	Fluxo nominal	Fluxo ajustado	Fluxo a valor presente	Fluxo a valor futuro
0	– 100	(100)	(100)	
1	50	55		55
2	50	61		116
3	50	67		182
4	50	73		255

Taxa de reaplicação no mercado de 10,0%

No exemplo, temos 255/100 = 2,55. Calculando-se a raiz 4, temos 1,264. Tirando 1 e multiplicando por 100, temos uma taxa de 26,4% a.a. Comparando a taxa com o custo de oportunidade de 23,4% a.a., conclui-se que ainda proporciona um *spread* positivo para o projeto. Entretanto, esse diferencial entre o benefício do projeto e o custo do financiamento se reduziu bastante, mostrando uma atratividade menor do que a anteriormente percebida.

A taxa média de retorno modificada, na verdade, não se constitui em uma taxa interna de retorno na concepção de que iguala o fluxo de caixa, mas sim na taxa média do projeto levando em conta a reaplicação e o custo do financiamento. É por esse motivo que deve ser um método auxiliar.

5.2.5 Valor presente líquido do fluxo de caixa (VPL)

O valor presente líquido do fluxo de caixa é obtido **subtraindo-se os investimentos iniciais de um projeto do valor presente das entradas de caixa**, descontados a uma taxa igual ao custo de oportunidade da empresa. O projeto deverá ser aceito quando seu VPL for positivo, o que significa que ele estará proporcionando um retorno à empresa superior ao seu custo de capital.

Exemplo:

Investimento de $ 100 no momento 0

Entradas de caixa nos momentos (anos) 1, 2, 3 e 4 de $ 50 em cada período

Taxa do custo de capital = 15% a.a.

Valor presente líquido de $ 43, indicando que, depois de recuperar o investimento, o acréscimo de valor para a entidade foi dessa magnitude. Em uma situação de análise, um projeto com valor presente líquido é um forte candidato a ser aceito. Por sua vez, um projeto com valor presente líquido negativo estará destruindo valor, sendo solicitada a sua revisão, quando não recusado.

Anos	Fluxo de caixa	Saldo	Valor presente	Valor presente líquido
0	– 100	– 100	– 100	(100)
1	50	– 50	43	(57)
2	50	0	38	(19)
3	50	50	33	14
4	50	100	29	43

Da mesma maneira que os outros métodos, o valor presente líquido também apresenta algumas limitações identificadas pelos estudiosos:

- as reaplicações do fluxo de caixa, nos períodos em que exista sobra de caixa, ocorrem pela taxa do custo de oportunidade;
- alguns profissionais consideram que seja mais difícil analisar um valor do que uma taxa, o que proporciona preferência pela taxa de retorno.

Nas situações de análise, quando um projeto apresentar TIR maior que o custo de oportunidade ele também terá VPL positivo. Da mesma forma, um projeto que apresentar VPL positivo apresentará também TIR maior que o custo de capital. Contudo, a classificação e o ranqueamento dos projetos poderá ser diferente, conforme a técnica de análise escolhida. Esta divergência é resultado das diferenças na magnitude do fluxo de caixa e da época de ocorrência do mesmo. Isso porque o VPL supõe que as entradas de caixa são reinvestidas a uma taxa igual ao custo de capital da empresa, enquanto que a TIR supõe que estes fluxos são reinvestidos a uma taxa igual à própria TIR.

5.2.6 Índice de lucratividade

Trata-se também de um método auxiliar e surge como demanda para ranqueamento de projetos. Corresponde à divisão do valor presente líquido do fluxo de caixa pelo investimento inicial. Quanto maior o percentual obtido, maior a eficiência do projeto; consequentemente, maior sua chance de ser escolhido. No exemplo, temos dois projetos com o mesmo VPL de $ 43. Contudo, são decorrentes de fluxos de caixa distintos e implicam em diferentes graus de risco e de eficiência. Dividindo-se o VPL pelo investimento inicial, é obtido o indicador de eficiência do investimento.

No caso, o projeto A tem um percentual de 4%, enquanto que o projeto B tem um indicador de 43%, superior ao projeto A.

Anos	A				B			
	Fluxo nominal	Fluxo ajustado	VPL	Índice de lucratividade	Fluxo nominal	Fluxo ajustado	VPL	Índice de lucratividade
0	– 1.000	(1.000)	(1.000)		– 100	(100)	(100)	
1	365	317	(683)		50	43	(57)	
2	365	276	(407)		50	38	(19)	
3	365	240	(167)		50	33	14	
4	366	209	43	4%	50	29	43	43%

Taxa de custo de oportunidade para os projetos A e B 15,0%

5.3 Métodos baseados no resultado econômico-contábil

Complementarmente aos métodos baseados no fluxo de caixa operacional dos projetos, temos os métodos baseados no resultado econômico-contábil.

5.3.1 Taxa de retorno contábil

Corresponde à divisão do resultado apurado no projeto pelo investimento feito. Quanto maior o percentual, melhor o projeto.

Exemplo:

Investimento de $ 100 no momento 0

Receitas – custos e despesas de $ 50 para os vários momentos (anos) 1, 2, 3 e 4.

O retorno contábil do projeto é de 50% (50/100) para os anos 1, 2, 3, 4 e 5.

Este método, embora utilizado em algumas empresas, não deveria ser considerado para análise e decisão de investimento. Ainda que o método seja adequado para acompanhar o desempenho, não é recomendável para análise de investimento pelos seguintes motivos:

- ignora o efeito do dinheiro no tempo;
- os critérios contábeis de apropriação e diferimento afetam o resultado do projeto. Este argumento também impacta a utilização do EVA;
- ao obter várias taxas nos vários períodos, qual seria a taxa do projeto?;
- complexidade em se obter um referencial mínimo, já que não inclui o custo de oportunidade proveniente dos recursos próprios.

5.3.2 Economic value added (EVA)

O EVA é um método que pode ser utilizado de várias maneiras, tais como avaliar empresas, definir e acompanhar desempenho etc. É de se observar que a adoção deste método tem a vantagem de proporcionar consistência tanto no planejamento como no controle na avaliação de desempenho. É a única metodologia que permite essa oportunidade de ser utilizada tanto para decidir investimento como para acompanhar desempenho.[1]

De maneira simplificada, EVA, também denominado lucro residual, corresponde àquilo que sobra **para a organização**, depois que ela remunera os agentes pelos recursos consumidos no seu processo. Tal remuneração envolve: acionista, instituições financeiras, fornecedores, empregados, governo e prestadores de serviços. O cálculo do lucro residual é desenvolvido a partir das seguintes figuras:

---

[1] Para aprofundar o estudo do tema, consulte Frezatti, Fábio. *Gestão de valor na empresa*. São Paulo: Atlas, 2003.

$$(\text{RODIR}/\text{CI} - \text{CPCE}) \times \text{CI}$$

Os elementos que compõem a fórmula podem ser detalhados da seguinte maneira:

Resultado operacional depois do imposto de renda (RODIR)

Ao resultado líquido contábil, após o imposto de renda, são feitos ajustes, tais como trazer de volta as despesas com juros incorridos. Por sua vez, a depreciação não é expurgada do resultado, porque corresponde à figura da amortização econômica a ser reconhecida. Se fosse expurgada, estaria refletindo o nível de margem inadequada, deixando de identificar os recursos consumidos e, consequentemente, a reposição dos investimentos feitos no imobilizado.

Capital Investido, Capital Empregado (CI)

Corresponde aos recursos necessários para que a organização possa desenvolver suas atividades operacionais. Considera-se que o grau de eficiência a obter seja função do desempenho na gestão dos elementos contidos. Pode ser calculado tanto pelo critério de identificação dos *investimentos requeridos* pela abordagem operacional (capital de giro operacional adicionado ao permanente líquido, deduzidos os passivos não onerosos de longo prazo), como também pela abordagem financeira, os *financiamentos necessários* (empréstimos de curto e longo prazos, provisões e patrimônio líquido). Os gastos já incorridos, tais como pesquisa e desenvolvimento apropriados ao resultado e que ainda não geraram produtos a faturar, deveriam voltar para o ativo, de maneira capitalizada (STEWART, III, 1990, p. 29). Por sua vez, a amortização do *goodwill* (STEWART, III, 1990, p. 25), por exemplo, deve ser apurada e adicionada ao investimento.

Custo de oportunidade da empresa (CPCE)

Composto pela ponderação dos recursos que irão financiar as operações futuras da organização, considerando tanto os recursos próprios como os recursos de terceiros. No que se refere aos recursos próprios, ou seja, aqueles que estão no patrimônio líquido, eles são considerados à luz do nível de risco existente, recompensando o investidor através do retorno sobre o investimento.

Algumas limitações podem ser identificadas:

- subjetividade: essa limitação está ligada aos critérios definidos para cada organização que, em decorrência de peculiaridades e entendimento, podem ser distintos no que se refere a ajustes, taxa de custo de oportunidade etc.; e
- complexidade do instrumental: ainda que o conceito do lucro residual seja relativamente simples, a sua implementação não o é, exigindo maturidade do grupo gerencial e sistema de informações cuidadosamente especificado.

5.4 Custo de oportunidade

Todos os métodos considerados sofisticados requerem taxa de custo de oportunidade. Embora o conceito original esteja ligado a uma abordagem econômica que considera outra alternativa de menor risco, e menor taxa, para efeitos de análise de projetos, essa taxa deve corresponder a um referencial de custo de financiamento dos projetos, que estão sendo analisados e têm chances de serem implementados, sendo composta por recursos próprios e de terceiros requeridos pela entidade para o financiamento dos projetos. Em outras palavras, o custo de oportunidade representa o custo dos recursos que a entidade precisa para dispor do projeto, cujos financiamentos demandam remuneração. Existem, pelo menos, duas abordagens distintas para se calcular o custo de oportunidade da empresa na análise de projetos de investimento:

- Custo de oportunidade total

    É aquele que seria considerado pela entidade para todas as suas operações, inclusive os novos projetos de investimento. O inconveniente desta abordagem é que, ao recalcular novas taxas, o referencial para os projetos já aprovados se torna diferente, o que pode não ser muito claro no sentido operacional. A grande vantagem é que a mesma taxa permite avaliar a empresa como um todo e gerenciar o seu valor.

- Custo de oportunidade marginal

    É aquele que seria incorrido para os novos projetos de investimentos, em decorrência das condições da entidade. O raciocínio pode ser mais simples, mas a análise perde a percepção do todo na avaliação da entidade e dos seus resultados.

Os recursos próprios, ou seja, aqueles que se referem ao patrimônio líquido, são considerados à luz do nível de risco existente, recompensando o investidor através do retorno sobre o investimento. São considerados como capital próprio tanto as novas injeções de aumento de capital, como os lucros não distribuídos.

Por sua vez, os recursos de terceiros são aqueles obtidos junto às instituições financeiras e sobre as quais incidem juros, remuneração sobre o capital. Tais recursos a considerar na apuração do custo ponderado de capital, que se constituirá no custo de oportunidade da entidade, devem incluir recursos de longo prazo, exclusivamente. Nos casos de projetos que contenham investimento no capital de giro, excepcionalmente, e exclusivamente para os recursos de curto prazo, podem ser tolerados recursos de curto prazo. Sem esse equilíbrio entre recursos de longo prazo financiados por recursos de longo prazo a entidade aumenta desnecessariamente, e de maneira imprevisível, o risco financeiro da entidade e do projeto. Como exemplo do cálculo, temos:

Descrição	Taxa a.a.	$	% de participação
Novo capital	35%	1.000	29%
Resultados não distribuídos	25%	500	14%
Empréstimos de longo prazo	17%	2.000	57%
Total		3.500	100%
Taxa ponderada	23,4%		

Nos casos de financiamentos subsidiados específicos, ou seja, aqueles recursos que deveriam financiar exclusivamente um dado equipamento ou outro tipo de recurso, recomenda-se que a taxa seja considerada como custo de oportunidade, especificamente, para o projeto a justificar a captação e não incluir o financiamento no cálculo de uma taxa ponderada.

5.5 Questões relevantes na utilização dos métodos de avaliação de investimentos

As entradas de caixa de um projeto em geral dependem de receitas, custos de matérias-primas, impostos, salários etc., ou seja, variáveis a que se associa algum grau de risco. Assim, ao optar pela aceitação de um projeto, o gestor deve procurar determinar não apenas a TIR ou VPL dele, mas também o **grau de variabilidade associado aos seus fluxos de caixa**.

Dentre os fatores possíveis de serem verificados, um deles, em decorrência da imprevisibilidade, é o **risco cambial**, quando ele estiver presente no projeto analisado, ou seja, uma mudança inesperada na taxa de câmbio entre a moeda forte e a moeda na qual o fluxo de caixa de um projeto é realizado. A variação cambial pode provocar uma alteração significativa no valor de mercado deste fluxo e, em decorrência, no resultado do projeto.

Pelo menos duas maneiras de considerar o risco na análise de projetos são possíveis de serem utilizadas:

- **equivalentes à certeza**: representam a porcentagem de uma entrada de caixa estimada, que os investidores ficariam satisfeitos em receber, se tivessem total certeza quanto ao seu valor. Multiplicando-as pelas entradas de caixa possíveis, temos as entradas de caixa ajustadas. Finalmente, ao descontá-las pela taxa de juros livre de risco, temos o valor presente certo das entradas de caixa ajustadas;
- **taxa de desconto ajustada ao risco (TDAR)**: corresponde à taxa de retorno que deve ser obtida em um determinado projeto, de forma a compensar o risco. Naturalmente, quanto maior o risco envolvido, maior será a TDAR e, portanto, menor o valor presente de uma determinada série de entradas de caixa.

Em termos gerais, a entidade deveria aceitar todos os projetos que apresentassem TIR > custo de oportunidade, ou VPL > 0. Entretanto, na prática, o que ocorre é o racionamento do capital (isto é, recursos para serem aplicados no negócio são escassos). Em vista disso, as empresas têm de escolher entre projetos, de forma a não exceder o valor do orçamento disponível, sendo possíveis várias abordagens, dentre as quais destacam-se:

- **abordagem da taxa de retorno**: a empresa aceita todos os projetos que apresentarem as maiores taxas de retorno (desde que esta taxa seja superior ao seu custo de capital), até o limite de seu potencial de financiamento futuro;
- **abordagem do valor presente líquido**: classifica os projetos com base na TIR, e então avalia o valor presente dos benefícios de cada um deles, para então determinar o grupo de projetos que maximizará a riqueza dos proprietários.

Ao compararmos projetos com vidas desiguais (e considerando-os como mutuamente excludentes), a simples comparação de seus valores presentes líquidos é insuficiente, uma vez que o período de tempo em que os benefícios serão auferidos será diferente. Para resolver este problema, existem várias alternativas, sendo as mais comuns: (i) a escolha do menor período, o que pode ser razoável para alguns tipos de projetos, mas extremamente desaconselhável para outros; e (ii) o método do valor presente líquido anualizado (VPLA), que transforma o VPL de projetos de vidas desiguais em um montante anual equivalente.

5.6 Questões de múltipla escolha sobre o tema 5

Uma vez disponibilizados os projetos A-E, resolva as questões abaixo:

Período	A	B	C	D	E
0	– 100	– 500	– 150	– 200	– 1.000
1	80	300	0	10	850
2	80	200	200	50	400
3	80	100	500	200	900
4	80	200	50	300	

1. Os *paybacks* simples dos projetos são, respectivamente:
   (a) Um ano e três meses, dois anos, um ano e nove meses, dois anos e nove meses e um ano e cinco meses.
   (b) Um ano e seis meses, dois anos, um ano e sete meses, dois anos e sete meses e um ano e três meses.
   (c) Um ano e oito meses, dois anos, um ano e cinco meses, dois anos e cinco meses e um ano e um mês.
   (d) Um ano e dez meses, dois anos, um ano e três meses, dois anos e três meses e um ano e sete meses.

2. As TIRs dos projetos são, respectivamente:
   (a) 70,5%, 25,1%, 70,0%, 36,3% e 51%.
   (b) 70,5%, 32,0%, 81,0%, 36,3% e 51%.
   (c) 55,0%, 25,1%, 81,0%, 36,3% e 51%.
   (d) 70,5%, 25,1%, 81,0%, 36,3% e 51%.

3. Considerando a solução da questão anterior, quais projetos poderão ser aceitos, se a taxa de curso de oportunidade for de 27% a.a.?
   (a) B, C, D, E.
   (b) A, C, D, E.
   (c) A, B, D, E.
   (d) A, B, C, E.

4. Os VPLs dos projetos são, considerando uma taxa de custo de oportunidade de 10% a.a., respectivamente:

   (a) $ 154, $ 150, $ 425, $ 206 e $ 779.

   (b) $ 154, $ 100, $ 425, $ 206 e $ 779.

   (c) $ 154, $ 150, $ 400, $ 206 e $ 501.

   (d) $ 154, $ 150, $ 425, $ 206 e $ 501.

5. De acordo com o índice de lucratividade, quais são os três melhores projetos (na sequência)?

   (a) C, E, B.

   (b) A, E, F.

   (c) B, E, A.

   (d) C, A, D

6. Considerando o VPL, se a taxa de custo de oportunidade alterar-se de 10% a.a. para 20% a.a., algum projeto deixa de ser interessante? A ordem de classificação se altera?

   (a) Não. Sim, a ordem se altera para E, C, B, D e A.

   (b) Não. Sim, para E, C, A, D e B.

   (c) Sim, o B deixa de ser adequado. Sim, a ordem se altera para E, C, A, D e B.

   (d) Sim, o C deixa de ser adequado. Sim, a ordem se altera para C, E, D e B.

7. Ao calcular-se o *payback* ajustado, com taxa de custo de oportunidade de 10% a.a., tendo uma limitação de prazo máximo de *payback* para dois anos, quais projetos seriam aceitos?

   (a) A, B, C.

   (b) A, C, E.

   (c) B, C, E.

   (d) D, C, A.

8. Considerando uma taxa de juros de empréstimos de longo prazo de 20% a.a., no total de $ 1.000 e recursos de capital próprio de 30% a.a. no total de $ 4.000, se teria como custo ponderado de capital futuro, ou seja, custo de oportunidade para a empresa, a taxa de:

   (a) 22% a.a.

   (b) 24% a.a.

   (c) 26% a.a.

   (d) 28% a.a.

5.7 Exercício 5: Táxi

1. Enunciado

O mercado não está muito favorável e o seu vizinho decide que, além do trabalho normal, vai trabalhar como chofer de táxi. Para tanto, um projeto pode ser desenvolvido no sentido de avaliar a melhor alternativa do ponto de vista econômico. As alternativas são: comprar o novo veículo, fazer *leasing* ou alugar.

Gastos das alternativas em R$

Meses	Gastos operação	Aquisição		Leasing		Aluguel		Valor presente líquido					
		Pgto.	Outros	Prestação	Outros	Prestação	Outros	Aquisição		Leasing		Aluguel	
								Mês	Acumulado	Mês	Acumulado	Mês	Acumulado
0	419	30000	1650	1.309	1650	1.439	150	(29.069)	(29.069)	(378)	(378)	992	992
1	419		150	1.309	150	1.439	150	2.383	(26.686)	1.100	723	972	1.964
2	419		150	1.309	150	1.439	150	2.337	(24.349)	1.079	1.802	953	2.917
3	419		150	1.309	150	1.439	150	2.291	(22.058)	1.058	2.859	934	3.851
4	419		150	1.309	150	1.439	150	2.246	(19.812)	1.037	3.896	916	4.767
5	419		150	1.309	150	1.439	150	2.202	(17.611)	1.017	4.913	898	5.665
6	419		150	1.309	150	1.439	150	2.159	(15.452)	997	5.910	880	6.546
7	419		150	1.309	150	1.439	150	2.116	(13.336)	977	6.887	863	7.409
8	419		150	1.309	150	1.439	150	2.075	(11.261)	958	7.845	846	8.255
9	419		150	1.309	150	1.439	150	2.034	(9.227)	939	8.784	830	9.085
10	419		150	1.309	150	1.439	150	1.994	(7.232)	921	9.705	813	9.899
11	419		150	1.309	150	1.439	150	1.955	(5.277)	903	10.608	797	10.696
12	419		150	1.309	150	1.439	150	1.917	(3.360)	885	11.493	782	11.478
13	419		1.650	1.309	1.650	1.439	150	720	(2.641)	(292)	11.201	767	12.244
14	419		150	1.309	150	1.439	150	1.842	(798)	851	12.051	751	12.996
15	419		150	1.309	150	1.439	150	1.806	1.008	834	12.885	737	13.733
16	419		150	1.309	150	1.439	150	1.771	2.779	818	13.703	722	14.455
17	419		150	1.309	150	1.439	150	1.736	4.515	802	14.505	708	15.163
18	419		150	1.309	150	1.439	150	1.702	6.217	786	15.291	694	15.857
19	419		150	1.309	150	1.439	150	1.669	7.886	770	16.061	681	16.538
20	419		150	1.309	150	1.439	150	1.636	9.522	755	16.816	667	17.205
21	419		150	1.309	150	1.439	150	1.604	11.126	741	17.557	654	17.860
22	419		150	1.309	150	1.439	150	1.572	12.698	726	18.283	641	18.501
23	419		150	1.309	150	1.439	150	1.542	14.240	712	18.995	629	19.130
24	419		150	1.309	150	1.439	150	1.511	15.751	698	19.693	616	19.746
25	419		150	12.305	150	1.439	150	4.529	20.281	(2.971)	16.722	604	20.351

Taxa de juros	2%
Receita mensal	3.000
Km/mês	1.000
Venda do veículo ao final (nominal)	5.000
Venda do veículo ao final (valor presente)	3.048
Valor residual do *leasing*	25%

As opções são diferentes em termos de comportamento, sendo que em comum elas têm a mesma receita e gastos com a operação. No mais, podem ser percebidos:

1. Aquisição

Além dos gastos operacionais que envolvem combustível, óleo, filtros etc., as manutenções e o seguro são incluídas.

2. Leasing

Não existe um desembolso inicial, mas a prestação considera a taxa de juros e a taxa de administração da empresa financiadora. Os contratos são feitos por 24 meses, com residual de 25%.

3. Aluguel

Não inclui seguro, pois está na prestação. Idem em termos de manutenção.

Nos casos da aquisição e *leasing*, foi considerado um valor de venda do carro, ao final do período.

2. **Pergunta**

Qual alternativa é mais conveniente no sentido econômico (levando em conta o valor presente líquido e *payback*), já que o taxista considera um custo de oportunidade de 2% e o período de *payback* considerado como adequado é de 24 meses? Ao final do horizonte, o carro ainda poderia ser vendido por cerca de 16,7% do valor da compra (em termos nominais).

5.8 Roteiro de estruturação e análise de projeto – etapa 5

Uma vez disponível o fluxo de caixa, utilizá-lo para o cálculo do VPL, *payback* ajustado, TIR, TIR modificada, Índice de Lucratividade do projeto.

As atividades requeridas nesta etapa são as seguintes:

- leitura do texto do material de apoio;
- solução das questões de múltipla escolha e exercícios ("Táxi" e "Custo do Dinheiro") referentes a este tema;
- baseado na etapa anterior, identifique VPL, *payback* ajustado, TIR, TIR modificada, Índice de Lucratividade do projeto.

Utilize as funções disponíveis no Excel.

6

Avaliação e Seleção de Projetos

Objetivos de aprendizagem

1. Apresentar diferentes abordagens (numérica e não numérica) que se complementem na avaliação e seleção de projetos.
2. Integrar as diferentes abordagens no processo de gestão dos projetos.
3. Estimular o participante a utilizar o modelo estruturado de análise de projetos.

Tópicos tratados

6.1 Diferentes abordagens de seleção de projetos
6.2 Modelagem do processo seletivo
6.3 A incerteza na análise de projetos
6.4 Questões de múltipla escolha sobre o tema 6
6.5 Exercício 6: Custo do dinheiro
6.6 Roteiro de estruturação e análise de projeto – etapa 6

Questões provocativas

1. O que é o processo de seleção de projetos?
2. O que ocorre quando a abordagem numérica não é forte no modelo de seleção de projetos?

3. Qual a vantagem de se dispor de modelo de escore com ponderação na seleção de projetos?
4. Como balancear abordagem numérica e não numérica na empresa?
5. Dentro da estrutura gerencial, quem predomina na abordagem não numérica?

Bibliografia complementar

MEREDITH, J. R.; MANTEL, S. J. *Project management*: a managerial approach. 4. ed. New York: John Wiley, 2000.

6.1 Diferentes abordagens de seleção de projetos

O processo seletivo dos projetos de investimentos é uma atividade complexa nas organizações. Ele considera uma série elementos, alguns quantitativos e outros qualitativos, subjetivos e presentes no modelo de gestão. Meredith e Mantel (2000) definem a seleção como *"o processo de avaliação individual de projetos ou grupo de projetos e escolha daqueles que permitam que os objetivos possam ser atingidos"*. Esse processo pode ocorrer conforme mencionado no Capítulo 2, exclusivamente no momento de estruturar e montar o plano estratégico da entidade, ou mesmo paulatinamente, à medida que os projetos são estruturados e disponibilizados na entidade. De qualquer forma, os mesmos autores separam duas abordagens na análise dos projetos, que não apenas podem, mas devem, ser integradas. As abordagens são denominadas: não numérica e numérica.

A abordagem não numérica decorre de algum tipo de manifestação de poder de uma pessoa, ou mesmo de um grupo, e sua manifestação gera a aprovação de um projeto sem que se analisem as questões quantitativas. Evidentemente, da forma como está sendo colocada é extrema, podendo ser encontrada de maneira parcialmente identificada com a visão não numérica; contudo, o objetivo é explicitar uma forma de processo decisório que, posteriormente, gerará dificuldades no *accountability* dos gestores e ausência de aprendizado por parte dos mesmos. Essa abordagem pode ser percebida a partir das seguintes formas, ilustradas por Meredith e Mantel (2000):

- Vaca sagrada

    Corresponde a um projeto que é selecionado a partir do carisma do poderoso. Um presidente de empresa que marque uma reunião para dizer que o projeto de compra de uma dada empresa é algo fantástico é um exemplo disso. O problema desse tipo de abordagem é que a crença e o poder discursivo dos gestores são elementos importantes para as empresas, mas antecipá-los a uma abordagem quantitativa torna inútil a presença desta última. Quem vai discutir a adequação do projeto depois que a diretoria considerou que ele é adequado?

- Necessidade operacional

    É o caso em que uma situação superficialmente considerada legitima uma ação. A superficialidade do tratamento faz com que os gestores percam a noção do custo-benefício do projeto. Exemplo: ocorrendo um "apagão", nada mais lógico do que uma empresa comprar geradores de energia. Muitas entidades fizeram isso sem avaliar a extensão do referido apagão. Pouco tempo depois os gestores concluíram que o investimento foi feito de maneira muito antecipada e não justificaria o retorno pretendido.

- Diferencial competitivo

    Muito utilizado na área de marketing das organizações para justificar projetos em que se tenha dificuldade de identificar benefícios econômicos ou os identifique a longo prazo. São os tais projetos estratégicos. Todos os projetos de uma organização deveriam ser estratégicos no seu sentido *lato*. Dessa forma, deveriam proporcionar retorno, a curto, médio e longo prazo.

- Ampliação de linha de produtos

    Analogamente ao tipo anterior, o argumento é altamente qualitativo, pois a ampliação de uma linha de produtos, implicitamente, implica em benefício em algum momento da vida das empresas; é apenas uma questão de tempo. A consequência deste tipo de abordagem é que a empresa tem dificuldade de cobrar as áreas e os gestores, no que pretende se desenvolver no futuro.

- Modelo de benefício comparado

    Indica situação em que, em algum momento do passado, um projeto foi desenvolvido e todo o processo especificado. *Dessa maneira, para que perder tempo e fazer tudo de novo? Afinal, o tempo é precioso*! Infelizmente, cada projeto é uma história, tem um dado impacto e proporciona relacionamento com um dado cenário e condições da entidade. Os limites da simplificação podem gerar decisões altamente conflitantes com a expectativa de retorno desejada pelos investidores.

A abordagem numérica, por sua vez, considera uma série de métodos de avaliação de investimentos descritos no Capítulo 5. A questão que se coloca é: como utilizar a combinação entre as duas abordagens, igualmente relevantes dentro da entidade?

De alguma forma, boa parte dos problemas encontrados decorrem da ausência de um processo estruturado para tratar os projetos. Caso essa estruturação não exista, os projetos decididos serão aqueles apresentados por qualquer pessoa que defender, indicar, tiver interesse em que seja implementado, o que é casuísta demais para qualquer tipo de entidade. Dessa forma, ter um processo de planejamento, tanto na etapa estratégica como na etapa tática, incluindo na sua sequência a estruturação e discussão dos projetos da entidade, é algo saudável para a entidade.

Se, por um lado, os métodos de análise de investimentos permitem o entendimento do projeto de maneira relativamente abrangente, dependendo do tipo de projeto, a entidade pode ser tentada a tratar o mesmo de maneira mais simplificada ou mesmo não consolidada. Um exemplo desse tipo de abordagem pode ser apresentado para uma análise de um projeto de tecnologia de informação, em que a entidade possa entender a referida análise de várias maneiras:

- O projeto é um projeto de estrutura, não sendo necessário que apurem-se os benefícios, já que eles são extremamente qualitativos e de difícil mensuração. Como consequência desse tipo de abordagem, o foco da análise do projeto será a **minimização de gastos** e, muito provavelmente, o projeto menos custoso será escolhido.

- Outra abordagem possível é aquela que considera que um projeto como esse gera benefícios e estes serão mensurados, mesmo que a objetividade documental possa ser flexibilizada. Essa visão permite que os projetos sejam analisados inclusive com a perspectiva de **retorno econômico-financeiro**, sendo utilizados os métodos do valor presente líquido e do *payback* ajustado. Entretanto, esta abordagem é o outro extremo e tende a preservar os projetos que proporcionem impacto econômico-financeiro, mas não necessariamente relacionamento com as estratégias da entidade.

- A abordagem denominada de **retorno equilibrado** identifica os aspectos demandados pelas estratégias da entidade, tanto em termos obrigatórios como desejáveis, e a decisão sobre a aceitação do projeto não se torna meramente especulativa.

Ao optar por uma das abordagens, a atividade pode estimular processo decisório distinto do que ocorreria se optasse por um dos outros.

O Quadro 6.1 exemplifica alguns dos elementos das três visões:

Quadro 6.1 *Elementos das abordagens de análise de projetos.*

Descrição	Abordagem de minimização de gastos	Abordagem de retorno econômico-financeiro	Abordagem de retorno equilibrado
Elementos a tratar			
+ Receitas adicionais geradas pelas informações disponibilizadas		xxxx	xxx
+ Economia de gastos		xxxx	xx
– Gastos com *software*	xxx	xxx	xx
– Gastos com adaptação e instalação	xxx	xxx	xx
– Gastos com treinamento	xxx	xxx	xxxx
– Gastos com manutenção	xxx	xxx	xx
+/– Impacto tributário		xxx	xx
Metodologias quantitativas			
Valor presente líquido		xxx	xx
Payback ajustado		xxx	xx
EVA		xxx	xx
Análise de elementos qualitativos			
Aderência estratégica			xx
Requerimentos obrigatórios			xx
Requerimentos desejáveis			xx

6.2 Modelagem do processo seletivo

Alguns fatores devem estar presentes no modelo para que o processo seletivo ocorra dentro de uma relativa estabilidade na entidade. São eles:

- Realismo do projeto

Esta característica dos projetos só pode ser entendida a partir de certo nível de detalhe do projeto e envolvimento dos gestores.

- Abrangência

A modelagem deve ser capaz de tratar projetos de distintas abordagens e tipos, para que possam ser comparados e analisados de maneira objetiva.

- Flexibilidade

    A modelagem deve ter a capacidade de incorporar elementos em decorrência de alteração de perfil e mesmo de premissas do cenário.

- Facilidade de uso

    Espera-se que o modelo de análise e seleção de projetos possa ser gerenciado sem muito esforço por parte dos gestores.

- Custo/benefício

    O custo/benefício do modelo decorre da percepção dos gestores do que possam dele obter e de seus custos envolvidos com o gerenciamento.

- Facilidade de utilização dos recursos de TI

    A utilização de bancos de dados conectados com sistemas de apoio ao processo decisório são fundamentais para o andamento do processo de maneira rápida e eficiente.

    Uma das maneiras de estruturar esse processo consiste em dispor de formatos que possam ser utilizados pelos gestores. Algumas abordagens possíveis são:

- Sem ponderações do tipo 0-1

    Nesse caso, os gestores estabelecem os fatores relevantes e atribuem as avaliações dos projetos simplesmente indicando 0 ou 1 para os fatores. É fundamental que tais gestores tenham um adequado conhecimento da carteira de projetos de investimento.

    Têm como ponto forte o fato de que diferentes critérios para o processo decisório podem ser compatibilizados e, por sua vez, em termos de pontos fracos, que todos os critérios têm igual importância.

- Sem ponderações, tipo escore

    É semelhante ao anterior, mas atribui, no lugar de 0-1, notas. Trata-se de um refino em termos de sensibilidade para os fatores.

- Com ponderações, tipo escore

    Adicionalmente ao modelo anterior, atribui pesos aos fatores.

A título de ilustração, no Quadro 6.2 é apresentado um modelo em que alguns fatores são apresentados para análise dos gestores.

Quadro 6.2 *Modelo de ficha de análise de projetos.*

Projeto nº	Título do projeto:			
Descrição do projeto:				
Área responsável pelo projeto:		Interpretação dos gestores		
Descrição de fatores				
		Sim	Não	Prioridade
1. Existe aderência com as estratégias da empresa				
2. Justificar o item 1				
3. O projeto requer investimento em ativo permanente?				
4. Em caso positivo, existe possibilidade de financiamento?				
5. Existem riscos relacionados:	5.1 Ao meio ambiente			
	5.2 À tecnologia			
	5.3 Ao sindicato			
	5.4 À segurança dos funcionários e usuários			
	5.5 Ao ambiente político			
	5.6 Outros fatores			
6. Tecnologia envolvida neste projeto é de domínio da empresa?				
7. Comentar/justificar o item 6.				
8. Os recursos humanos necessários para desenvolver o projeto são disponíveis na empresa?				
9. Imagem da empresa pode ser afetada?	9.1 Perante os clientes			
	9.2 Perante demais agentes			
10. Impacto econômico-financeiro.	10.1 VPL do projeto	$		
	10.2 TIR	%		
	10.3 TIR modificada	%		
	10.4 Índice de lucratividade	%		
	10.5 *Payback* ajustado	Anos		

6.3 A incerteza na análise de projetos

A análise de risco de um projeto se inicia no ciclo conceitual, mas atravessa toda a existência do mesmo. Algumas abordagens podem trazer maior potencial de gestão aos projetos, sendo que considera-se adequada a seguinte sequência:

1. Identificação e reconhecimento dos riscos e ameaças ao projeto

    Essa análise pode levar em conta elementos que tenham diferentes níveis de controle por parte da organização, tais como: cenário macro, tecnologia, nível de desempenho, manutenção de pessoas na equipe etc.

2. Priorização dos mesmos em decorrência do impacto sobre o sucesso do mesmo

    Para que isso seja viável, é importante que os impactos possíveis sejam avaliados (por exemplo, ao se perceber que a variação cambial ou o preço de um insumo como o cimento pode ser uma variável de grande impacto sobre o projeto). Analisar cenários alternativos com simulações corresponde a uma possibilidade de análise para poder priorizar os riscos mais relevantes.

3. Definição de quais são possíveis de avaliar e gerenciar

    Decorre da análise acima.

4. Definição da estratégia de gestão de risco

    Podem ser várias e, ao longo do tempo, podem ser combinadas. Dentre as várias possibilidades, podem ser mencionadas:

    - *Hedge (backup)*. Consiste na situação em que algo pode falhar no projeto e o gestor decide investir para evitar que isso ocorra. Exemplo: uma empresa que processe dados, e não possa parar caso algum problema ocorra no processamento, deve analisar alternativas de ter uma máquina adicional ou um contrato para que alguém atenda no momento de crise.
    - Troca de riscos. Dentre variáveis que possam ser trocadas, o gestor decide que prefere aquela que, de alguma forma, pareça-lhe proporcionar menor risco. Exemplo: um investidor que, dentre duas tecnologias com diferentes intensidades de mão de obra, opta pela que mais se aproxima da sua experiência atual.
    - Qualidade de recursos. Opção de recurso de maior qualidade no processo que possa implicar em maior risco. Exemplo: time de futebol que investe destacadamente na contratação de um goleiro.

- Evitar a exposição ao risco por escolha de alternativa. Situação em que é possível evitar o risco por alguma alternativa, por exemplo, a terceirização de um dado processo.

- Inerente ao projeto, incluindo programas de contingências com recursos e tempo. Trata-se de situação em que, percebido o risco, o gestor passa a prever atividades para mitigar ou eliminar o risco. Exemplo de projeto que tenha risco de contaminação de um dado recurso da comunidade e o projeto passa a conter algum tipo de ação para evitar ou proteger os envolvidos.

Em termos gerais, um dos recursos mais comuns e tradicionais na análise de risco é a simulação de resultados dos projetos. Podem ter diferentes níveis de sofisticação, podendo contar com ferramentas auxiliares, como árvore de decisão, algoritmos, programação linear etc.

De qualquer forma, o desenvolvimento de simulações permite aos tomadores de decisão a identificação de variáveis que possam afetar favorável ou desfavoravelmente o andamento dos projetos de investimento. Adicionalmente à projeção, algumas ferramentas podem apoiar a análise dos projetos de maneira estruturada, tais como:

- o cálculo do ponto de equilíbrio do projeto, quando ele for do tipo em que existam entradas de caixa;
- análise do desvio-padrão das alternativas de simulação;
- utilização de PERT/CPM na análise das tarefas e seus impactos em termos de prazos;
- plano de contingência quando algum tipo de variável ameaçar fortemente o resultado desejado.

6.4 Questões de múltipla escolha sobre o tema 6

1. O processo de seleção de projetos de investimentos proporciona:
   (a) A avaliação de projetos e escolha daqueles que atingem os objetivos da entidade.
   (b) A avaliação de projetos que permitam que a empresa seja mais lucrativa.
   (c) A seleção de projetos que possam ser efetivamente implementados.
   (d) A seleção de condições para que os projetos sejam desenvolvidos de maneira mais racional.

2. O processo de seleção considera duas diferentes abordagens:
   (a) Otimista e não otimista.
   (b) Estruturada e não estruturada.
   (c) Numérica e não numérica.
   (d) Probabilística e aleatória.

3. A abordagem denominada "necessidade operacional" gera como impacto:
   (a) Uma decisão superficial.
   (b) Uma decisão que demora muito para ser obtida.
   (c) Uma decisão sem consenso.
   (d) Uma decisão.

4. Por que a abordagem "modelo de benefício comparado" pode ser um grande problema na gestão de projetos?
   (a) Porque a comparação qualitativa nunca é perfeita.
   (b) Porque um modelo não permite a comparação de benefícios, por ser específico.
   (c) Porque a comparação inibe a criatividade dos gestores no desenvolvimento de projetos de investimentos.
   (d) Porque os cenários mudam e um projeto, embora semelhante, desenvolvido anteriormente pode ser muito diferente.

5. A abordagem não numérica pode ser utilizada juntamente com a abordagem numérica?
   (a) Sim, o envolvimento qualitativo seria interessante se fosse pensado após alguma análise quantitativa.
   (b) Não, pois nunca se misturam.
   (c) Sim, mas são coisas tão diferentes que as pessoas podem ser confundidas.
   (d) Não. É melhor que a entidade decida o que quer em termos de análise de projetos.

6. Ao escolher a modelagem de análise financeira considerando a "minimização de gastos", existe uma forte tendência de a entidade escolher o projeto:
   (a) Mais caro.
   (b) Menos custoso.
   (c) Mais complexo em termos do tipo de gasto.
   (d) Menos complexo em termos do tipo de gasto.

7. Ao escolher a abordagem de análise financeira, considerando o retorno qualitativo, a entidade:

    (a) Desequilibra a importância dos fatores decisórios a considerar.

    (b) Equilibra as questões financeiras e as questões estratégicas do projeto.

    (c) Reequilibra as demandas do projeto de investimento.

    (d) Altera o perfil de equilíbrio dos agentes do projeto.

8. O processo seletivo deve ter algumas características para que seja útil à organização. Dentre as várias características, podem ser mencionadas:

    (a) Custo/benefício e condição de refletir a boa imagem da entidade.

    (b) Facilidade de uso e durabilidade.

    (c) Refletir o realismo do projeto e sua abrangência.

    (d) Flexibilidade e possibilidade de transmissão para outras entidades.

6.5 Exercício 6: Custo do dinheiro

1. Enunciado

A vida do pequeno empresário não é fácil mesmo! Levantar cedo, correr atrás de clientes, fazer o planejamento fiscal, enfim, a vida de empregado era mais simples. Bom, mas há outras coisas a considerar, como por exemplo... a liberdade de decidir que direção tomar. É assim mesmo: poder investir onde quiser, não ter que se restringir a opções pouco criativas. Isso deveria ser o suficiente para motivar um profissional. Mas a incerteza de Paulo era muito maior. No momento, várias alternativas de decisão eram apresentadas e a dúvida permanecia. Paulo sabia que, como principal executivo da empresa, deveria liderar esse processo, mas tinha uma dúvida vital: deveria aprovar o projeto com maior retorno, simplesmente porque tinha o maior retorno? Mesmo que não fosse um projeto relacionado com a visão de longo prazo da empresa?

Essa dúvida era muito razoável e mesmo normal. Afinal, a empresa CompBestpontocom, fundada na década de 80 por dois estudantes recém-formados, teve muita dificuldade para sobreviver nos primeiros anos de sua existência. Contudo, paulatinamente, seu crescimento se tornou consistente e estruturado. No início, a ideia era atender os amigos, montando os micros de que eles precisassem, a partir da importação de componentes, na garagem da namorada de um deles. Com o passar do tempo, com o boca a boca sendo desenvolvido, a empresa foi criando personalidade própria e se transformou numa entidade jurídica, de fato, em meados dos anos 90, com a ocorrência do Plano Real.

A montagem de computadores se tornou uma coisa simples, sem grandes segredos, mesmo para os menos privilegiados. A procura por nichos de mercado fez com que a empresa identificasse várias alternativas de investimento que foram caracterizadas como A, B, C, D, E e F. Tais alternativas não são mutuamente exclusivas, mas existe um limite para o montante de recursos disponíveis (considerando o capital próprio e de terceiros, no máximo $ 1,5 milhão, a um custo ponderado de 20% a.a.), o que faz com que a empresa se preocupe em analisar rigorosamente o retorno proporcionado. No que se refere à caracterização dos projetos, temos o seguinte:

A) Compra de novos equipamentos para **desenvolvimento de um novo produto X**.

B) Compra de parte de participação de uma empresa para **incluir o produto Z**, que interessa à empresa e já está disponível para ser adquirida, no portfólio.

C) Compra de equipamentos para atuar em **nicho de produto U, a ser desenvolvido junto com o cliente**.

D) Compra de equipamentos e ampliação de equipe para **aumento da capacidade de atendimento de um produto T** já existente na empresa.

E) criação de uma nova empresa para **aumentar a capacidade de prestação de serviços de Y e, depois de três anos, ser vendida**.

O diretor financeiro perguntou ao analista qual seria a taxa de custo de oportunidade da empresa a ser aplicada aos projetos. O silêncio costumeiro pairou no ar, até que alguém teve a decência de dizer que preferiria responder a essa e outras perguntas no dia seguinte. Novamente a reunião foi suspensa e a lição de casa sobrou...

2 Questões

1. Por que preciso do conceito de custo de oportunidade da empresa?
2. O que seria necessário saber para utilizar esse conceito de maneira adequada?
3. Qual seria a taxa de custo de oportunidade de cada projeto? E a taxa da empresa (veja a Tabela 6.1)?

Observação: os alunos podem assumir premissas para as questões que considerem importantes e que não tenham sido explicitadas. Única exigência: devem deixar claras essas premissas. As informações, em relação aos exercícios **1, 2, 4, 6 e 7**, são cumulativas.

Recursos próprios demandados nos últimos 10 anos: 50%

Recursos de terceiros (longo prazo) demandados nos últimos 10 anos: 50%

Custo do capital próprio dos últimos 10 anos: 30% a.a.

Custo do capital de terceiros dos últimos 10 anos: 20% a.a.

Recursos próprios demandados nos próximos três anos: 30%

Recursos de terceiros (longo prazo) demandados nos próximos três anos: 70%

Custo do capital próprio dos próximos três anos: 24,5% a.a.

Custo do capital de terceiros dos próximos três anos: 18% a.a.

O BNDES proporcionará financiamento para os projetos A, C e D, nos próximos três anos, a uma taxa de 10% a.a.

A taxa de aplicações de recursos no mercado financeiro, nos últimos dez anos, foi de 15% a.a.

A taxa de aplicações de recursos no mercado financeiro, prevista para os próximos três anos, é de 4% a.a.

Tabela 6.1 *Recursos necessários para o investimento (fluxo de caixa).*

Em R$	Projeto A	Projeto B	Projeto C	Projeto D	Projeto E	Empresa total
Investimento – Ano 0	– 100	– 500	– 150	– 200	– 1.000	
Taxas de custo de capital						

6.6 Roteiro de estruturação e análise de projeto – etapa 6

Uma vez disponíveis os cálculos necessários, uma análise mais global, qualitativa, deve ser desenvolvida.

As atividades requeridas nesta etapa são as seguintes:

- leitura do texto do material de apoio;
- solução das questões de múltipla escolha e exercício ("Recuperação de investimento") referente a este tema;
- baseando-se nos resultados das etapas anteriores, analise os resultados obtidos e:
  - efetue a simulação de resultados de, pelo menos, dois cenários diferentes;
  - uma vez desenvolvida a análise, identifique os pontos fortes e fracos do seu projeto e, ao final, recomende-o ou não. Fundamental a argumentação para tal.

Utilize as funções disponíveis no Excel.

7

As Pessoas Dentro da Abordagem dos Projetos

Objetivos de aprendizagem

1. Identificar os vários papéis no convívio dos gestores de projetos.
2. Especificar o perfil de um gerente de projetos.
3. Sensibilizar os leitores no sentido de que gestão de projetos consiste em gerenciar pessoas tanto ou mais do que recursos físicos.
4. Apresentar algumas possíveis estruturas de projetos na gestão de empresas.

Tópicos tratados

7.1 Aspectos comportamentais na gestão de projetos
7.2 Os vários agentes que interferem no projeto
7.3 O gerente de projetos
7.4 Estruturas de projetos
7.5 Questões de múltipla-escolha sobre o tema 7
7.6 Exercício 7: Recuperação do investimento
7.7 Roteiro de estruturação e análise de projeto – etapa 7

Questões provocativas

1. Qual a importância de identificar o oponente na equipe de projeto?
2. Existe alguma forma de evitar que o aliado se torne um oportunista no andamento do projeto?

3. Quais as principais qualificações do gerente de projeto?
4. O que deve ser levado em conta na definição de uma estrutura de projeto na entidade?
5. Que tipo de problema ocorre na gestão de projetos quando os papéis não estão claros?

Bibliografia

BLOCK, P. *The empowered manager*: positive skills at work. San Francisco: Jossey-Bass, 1988.

FREZATTI, F. *Orçamento empresarial*: planejamento e controle gerencial. 4. ed. São Paulo: Atlas, 2007.

MEREDITH, J. R.; MANTEL, S. J. *Project management*: a managerial approach. 4. ed. New York: John Wiley, 2000.

7.1 Aspectos comportamentais na gestão de projetos

As pessoas desenvolvem os projetos de investimento. Queiramos ou não, correspondem aos recursos mais importantes que a entidade necessita, para que as suas operações tenham sucesso e o seu diferencial competitivo daí decorra. Entretanto, em muitos casos, é frequente encontrar situações em que muito tempo é dedicado a outros elementos e pouco destaque é direcionado ao fator humano na organização. O comportamento das pessoas, nesse sentido, proporciona apoio ou confronto com o desenvolvimento do projeto, tornando o seu desenvolvimento algo que pode ser tumultuado e desnecessariamente conflituoso.

Dentre os vários pontos que podem ser tratados, dois em especial serão considerados: (i) o relacionamento entre os vários agentes no processo de desenvolvimento do projeto e (ii) o papel do gerente de projetos. O primeiro tema considera que o envolvimento das pessoas em um projeto nunca é neutro. Sempre existe algum tipo de relacionamento e posicionamento e, dependendo da forma como ocorre, pode ser favorável ou não ao projeto, pode ser defensivo ou não em relação ao seu desenvolvimento, podendo perceber perdas e ganhos em sua implementação. Dessa maneira, uma postura proativa por parte da liderança do projeto pode trazer estabilidade e consistência no desenvolvimento do mesmo. Independentemente da forma como o tema é percebido, o que se pretende é sensibilizar os gestores para evitar que o projeto deixe de ser um sucesso em decorrência da não preparação do ambiente para o seu desenvolvimento.

No que se refere ao segundo tema, o papel do líder é de singular importância, pois permite dispor de uma referência para o mesmo, alguém que esteja empenhado no seu sucesso e seja cobrado por isso. A questão do líder pode ser mais ampla do que simplesmente referir-se ao fato de alguém cuidar de um projeto, mas sim ser um processo de desenvolvimento que permita à entidade dispor de gestores preparados para novas oportunidades. Nada melhor do que uma experiência em que se cuida de um projeto para proporcionar a um profissional a experiência no trato com temas de alto conflito e coordenação de objetivos, nem sempre conciliáveis.

7.2 Os vários agentes que interferem no projeto

Dentro de qualquer ambiente, vários personagens são encontrados e nem sempre são percebidos adequadamente. Na verdade, as pessoas assumem vários papéis em uma situação contingencial, ou seja, dependendo da forma como a situação se apresente, podem se posicionar favoravelmente ou partir para o confronto. Para entender adequadamente essa perspectiva, uma visão abrangente do projeto é necessária para se perceber que os vários agentes desenvolvem pressões distintas sobre os projetos existentes na entidade. São eles: o cliente do projeto, o fornecedor, o patrono, o tutor, o aliado e o não aliado. De alguma maneira, a cadeia de valor (ou seja, a relação cliente/fornecedor interna) é especificada no seu relacionamento.

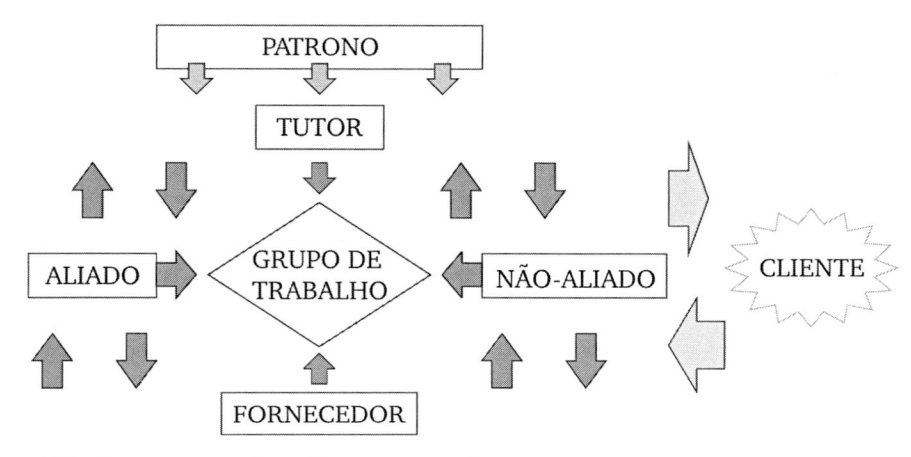

Figura 7.1 *Agentes que interferem no projeto.*

O cliente é quem vai se beneficiar pela implementação do projeto, podendo ser cliente final ou intermediário no sentido de que pode ter algum benefício para sua atividade, mas o verdadeiro cliente final percebe o cliente intermediário como um fornecedor.

O fornecedor proporciona para o projeto algum tipo de recurso, que pode ser material, conhecimento ou mesmo força de trabalho.

O patrono do projeto é aquele que tem o poder de decidir pela aceitação ou não do projeto, deve prover recursos e apoio político para aprovar e cobrar resultados, sendo espontâneo ou nomeado especialmente para o projeto. Em muitas organizações, no lugar de uma pessoa, essa função é exercida por um comitê, que pode ser de várias áreas funcionais e níveis hierárquicos. A grande vantagem do comitê, além de evitar o confronto individual, é a estabilidade do processo de gestão de projetos, tornando a atividade profissional, coletiva e relativamente objetiva.

O tutor é também conhecido como líder do projeto: deve desenvolver as atividades requeridas, coordenando o projeto. Normalmente é designado para tal atividade.

O grupo de trabalho corresponde aos profissionais que estão envolvidos no desenvolvimento do projeto, assim participam de vários tipos de atividades.

Dentro desse grupo relacionado, as posturas dos agentes podem ser variadas, dependendo da perspectiva percebida. Essa perspectiva decorre de dois ingredientes do relacionamento entre as pessoas: a concordância e a confiança que as pessoas envolvidas tenham umas com as outras, relacionando as intensidades desses dois ingredientes. O que significa confiar? Acreditar, ter credibilidade pessoal e profissionalmente. O que significa concordar? Pensar igual ou muito parecido. Dessa maneira, essas duas dimensões sintetizam questões de fundamental importância para o relacionamento entre as pessoas, conforme a Figura 7.2.

Confiança	Oponente	Aliado
	Inimigo	Oportunista

Concordância

Figura 7.2 *Perfis dos agentes envolvidos no processo.*

As quatro possibilidades são: o aliado, o oponente, o oportunista e o inimigo; e decorrem da combinação de diferentes intensidades dos ingredientes, sendo que (BLOCK, 1988, p. 136):

- o aliado tem **grande concordância** e **grande confiança**, o que proporciona condições de apoio no desenvolvimento de qualquer tipo de atividade. O aliado é fundamental para a atividade conjunta sob qualquer tipo de circunstância;
- o oponente tem **baixa concordância** e **grande confiança**, o que proporciona oportunidade de grande aprendizado, embora relativamente desgastante;
- o oportunista tem **alta concordância** e **baixa confiança**, o que proporciona um relacionamento específico de longo prazo, na medida em que, assim que a concordância cessar, o apoio também cessará;
- o inimigo tem **baixa concordância** e **baixa confiança**. No projeto, o inimigo não trará a contribuição necessária e até mesmo poderá causar problemas para a sua execução.

Ainda que a abordagem mencionada possa ser circunstancial, ela é útil para o entendimento e gerenciamento das pessoas envolvidas no processo. Ter um cliente com um perfil que não seja do aliado ou do oponente é algo complicado no gerenciamento e na defesa do projeto. Dessa maneira, é fundamental que os gestores entendam as causas. Afinal, por que um dado agente é um inimigo do projeto? Por que o principal agente do projeto se posiciona como um oportunista?

Também é relevante perceber que os vários tipos se complementam. Afinal, é fundamental que qualquer projeto tenha aliados para que ele possa ter sustentação ao longo do tempo; contudo, o perfil do oponente é de inestimável valor, pois proporciona ao projeto o questionamento que ele precisa para sobreviver. Entretanto, caso o oponente seja tratado de maneira inadequada, ele pode se tornar um inimigo do projeto e da equipe do mesmo. Da mesma forma, um inimigo que seja adequadamente entendido pode se tornar um aliado ou oponente do projeto, perfis que sejam mais úteis ao seu desenvolvimento.

O que proporciona condições de entender o perfil e atuar é entender as causas do posicionamento, bem como proporcionar aos agentes informações sobre o projeto, sua missão, impactos, importância do envolvimento dos agentes etc. Principalmente nos projetos de mais longo prazo, tais migrações são mais frequentes e podem afetar de maneira não positiva o andamento dos mesmos.

Este tema é importante para o tratamento de um projeto de investimento, porque as pessoas dificilmente poderão ser neutras e os gestores dos projetos, no mínimo, deveriam ter a consciência de tais necessidades de atuação. Com isso, certamente aumentariam as chances de sucesso de muitos projetos que, de outra forma, tenderiam ao fracasso.

7.3 O gerente de projetos

O responsável pela condução do projeto deve ter características muito próprias para permitir que o seu trabalho seja desenvolvido de maneira a aumentar as chances de sucesso do projeto. O líder de um projeto, também denominado tutor, gerente, campeão, diretor etc., tem um papel importante no desenvolvimento de um projeto de investimentos. Ele é a referência do projeto, aquele que responde pelo mesmo. Pode ser o mesmo que respondeu pelo ciclo conceitual e de planejamento ou pode ser outro, na fase de implementação. Na verdade, na maior parte dos casos, a figura do líder do projeto aparece no ciclo de implementação. Dele, espera-se que gerencie o que deve ser feito, quando deve ser feito e como os recursos devem ser utilizados.

Algumas habilidades são fundamentais para que ele possa desenvolver suas atividades de maneira adequada:

- ser capaz de obter recursos adequados;
- obter e motivar pessoas;
- como líder, deve:
  - ter alta qualidade técnica;
  - ser orientado para objetivos;
  - ter sensibilidade política;
  - ter forte orientação para o foco do problema;
  - ter autoestima forte e estruturada;
  - ter capacidade de lidar com obstáculos, riscos, fracassos;
  - ter capacidade de se comunicar com os vários níveis e tipos de pessoas;
  - ter alto nível de energia e capacidade de suportar o *stress*;
  - saber lidar com os elementos de *trade-offs* do projeto;
  - ser negociador, ter credibilidade e liderança;
  - etc.

Como se percebe, a maior parte dos quesitos especificados aponta para um perfil empreendedor. De alguma forma, a figura mais próxima do papel do gerente de projeto é o gerente de uma área funcional, que em algum momento, inclusive, terá o seu convívio com o mesmo. Nesse sentido, pode ser percebido que existem algumas diferenças importantes entre o gerente de um projeto e o gerente funcional de uma entidade. Os principais pontos são os seguintes:

- o **gerente funcional** é um especialista das atividades da sua área, o **gerente de projeto** olha para o mesmo como um generalista, entendendo a entidade sem ter profundo domínio sobre a mesma;
- o **gerente funcional** tem uma abordagem analítica do projeto, enquanto que o **gerente de projeto** olha para o mesmo com uma visão sistêmica em relação ao projeto na entidade como um todo;
- o **gerente funcional** tem autoridade técnica direta sobre a sua área e o **gerente de projeto**; é um facilitador, sem o poder que o seu colega tem sobre as atividades da área. Consequentemente, o nível de desgaste que ele passa é muito maior;
- o **gerente funcional**, em condições normais, não é responsável pelos resultados do projeto; o **gerente de projeto** é normalmente quem é cobrado pelos resultados do projeto;
- o **gerente funcional**, após o desenvolvimento do projeto, continua sendo responsável pela continuidade das atividades da área e, por sua vez, o **gerente de projeto** olha o projeto em uma perspectiva de começo, meio e fim, com prováveis consequências sobre a sua própria permanência na entidade.

7.4 Estruturas de projetos

O desenvolvimento dos projetos de investimento pode ocorrer de várias maneiras, no que se refere à questão organizacional, ou seja, quem é que faz o projeto na empresa. No que tange à implementação, vai depender do tipo de projeto, mas os ciclos conceitual e de planejamento podem ser desenvolvidos de diversas formas, dentre as quais, de acordo com Meredith e Mantel (2000), destacam-se três: (i) projeto como parte da estrutura funcional; (ii) organização pura de projeto; e (iii) estrutura matricial. Alguns comentários merecem ser estabelecidos para cada uma das três formas de estrutura de projetos:

- **Projeto como parte da estrutura funcional**

    Neste modelo, o projeto é desenvolvido dentro da área funcional, por seus funcionários. É uma atividade da área e apresenta algumas vantagens: flexibilidade na sua utilização; *experts* podem ser utilizados em diferentes projetos; especialistas da divisão podem dividir conhecimento; a divisão funcional serve como base de continuidade e benefício do projeto, o qual fica em casa.

    Por sua vez, algumas limitações devem ser conhecidas na utilização desse tipo de estrutura organizacional: o foco da área pode não ser o cliente, a orientação da área tem a sua dinâmica, pode acontecer de não existir um responsável geral, há mais facilidade de provocar a falta de coordenação, tendência de subotimizar o projeto, pouca motivação das pessoas relacionadas ao projeto e, também, em casos de projetos mais complexos, podem-se demandar recursos adicionais.

- **Organização pura de projeto**

    Neste caso, existe uma área para pensar e desenvolver os projetos de investimentos separada das áreas funcionais da empresa. Trata-se de um prestador de serviços da entidade. As vantagens desse tipo de estrutura são: o gestor do projeto tem total autoridade sobre ele; toda equipe do projeto tem responsabilidade; as linhas de comunicação são aproximadas; projetos similares e sucessivos são otimizados; os participantes reagem mais rapidamente às necessidades e à unidade de comando. As limitações mais relevantes são: possível duplicação de esforços; manutenção de equipe mesmo quando não necessária; tecnologia nem sempre disponível; equipe pode se distanciar (isolar-se) da realidade da empresa, o que acaba por acontecer após o encerramento do projeto.

- **Estrutura matricial**

    A estrutura matricial de projeto combina os dois tipos anteriores, podendo assumir várias formatações. O gestor do projeto controla quando e o que será feito e o gestor funcional controla quem e que tecnologia deverá ser utilizada.

    Dentre as vantagens da estrutura matricial de projeto, destacam-se: a ênfase no projeto a ser obtido; o acesso à tecnologia tende a ser mais amplo; os participantes se tornam menos ansiosos em termos do que fazer depois do término do projeto; a resposta ao cliente tende a ser rápida; há consistência com políticas corporativas; melhor custo/benefício dos recursos; e flexibilidade na sua estruturação e gestão.

    Como principais desvantagens, podem ser mencionadas: poder de decisão pode ser difícil de ser exercido; diluição do foco de atenção dos projetos; em matrizes fortes, a extinção do projeto pode ser difícil; e a dupla unidade de comando nunca é fácil de ser administrada.

Dependendo do tipo de projeto, do porte da empresa, do segmento de atividade, da dispersão geográfica e mesmo do horizonte de vida do projeto, a estrutura organizacional mais adequada deve ser definida, sendo uma questão contingencial forte. A coexistência entre os vários modelos pode ocorrer, dependendo dos quesitos já mencionados e da forma como a entidade percebe a importância do gerenciamento dos projetos.

De alguma maneira, devem ficar claros na organização os vários papéis dos agentes no projeto de investimento. Para isso, definições são importantes no processo de gestão:

- Quem fornece os *inputs* do projeto?
- Quem valida, avalia e aprova as etapas do projeto?
- Quem tem o poder de alterar o projeto?
- A quem é reportado o progresso das etapas do projeto?
- Quem é responsável, quem é consultor e quem executa?
- Quais os limites de autoridade do líder, da equipe e do patrono?

7.5 Questões de múltipla escolha sobre o tema 7

1. Quais as características do oponente de um projeto?
    (a) Confia muito e concorda muito.
    (b) Confia pouco e não concorda.

(c) Confia muito, mas não concorda.

(d) Confia pouco e não concorda.

2. Qual o benefício que o aliado pode trazer a um projeto de investimento?

    (a) Por confiar e concordar com o líder e a equipe, reduz o tempo das discussões e permite mais tempo para as ações.

    (b) Por confiar e discordar do líder e da equipe, aumenta o tempo das discussões e permite mais tempo para as ações.

    (c) Por desconfiar e concordar com o líder e a equipe, aumenta o tempo das discussões, com mais tempo para as ações.

    (d) Por desconfiar e discordar do líder e da equipe, reduz o tempo das discussões e permite mais tempo para as ações.

3. O(s) agente(s) abaixo participa(m) do desenvolvimento de um projeto:

    (a) O patrono e o líder do projeto.

    (b) O cliente.

    (c) O fornecedor.

    (d) Todos os anteriores.

4. Recomenda-se que, ao escolher o líder de projeto, algumas características devem ser analisadas:

    (a) Grande nível de energia.

    (b) Capacidade de obter recursos.

    (c) Capacidade de obter e motivar pessoas para a equipe.

    (d) Todas as anteriores.

5. Algumas diferenças entre o gerente funcional e o gerente de projetos são:

    (a) O gerente funcional tem autoridade técnica e o gerente de projeto tem autoridade institucional.

    (b) O gerente funcional é um especialista na sua área e o gerente de projeto é um generalista.

    (c) O gerente funcional é um facilitador na sua área e o gerente de projeto é um generalista.

    (d) o gerente funcional tem abordagem sistêmica e o gerente de projeto deve ter visão analítica.

6. Os tipos de estruturas de áreas de projetos mais comumente encontradas são:

   (a) Projeto como parte da área funcional, estrutura orgânica e estrutura matricial.

   (b) Projeto como matriz da área funcional, organização pura de projeto e estrutura orgânica básica.

   (c) Projeto como parte da área funcional, organização pura de projeto e estrutura matricial.

   (d) Projeto como matriz da área funcional, organização pura de projeto e estrutura orgânica básica.

7. Dentre as várias definições necessárias à gestão de projetos, devem ser consideradas, exceto:

   (a) Quem fornece *inputs*.

   (b) Quem valida.

   (c) Quem aprova as etapas desenvolvidas.

   (d) Como o financiamento vai ser recebido na entidade.

8. Em um projeto, o papel de consultor implica que:

   (a) Alguém ofereça a informação.

   (b) Alguém aprove a informação.

   (c) Alguém aceite a informação.

   (d) Alguém reprove a informação.

7.6 Exercício 7: Recuperação do investimento

1. Enunciado

A vida do pequeno empresário não é fácil mesmo! Levantar cedo, correr atrás de clientes, fazer o planejamento fiscal, enfim, a vida de empregado era mais simples. Bom, mas tem outras coisas a considerar, como por exemplo... a liberdade de decidir que direção tomar. É assim mesmo: poder investir onde quiser, não ter que se restringir a opções pouco criativas. Isso deveria ser o suficiente para motivar um profissional. Mas a incerteza de Paulo era muito maior. No momento, várias alternativas de decisão eram apresentadas e a dúvida permanecia. Paulo sabia que, como principal executivo da empresa, deveria liderar esse processo, mas tinha uma dúvida vital: deveria aprovar o projeto com maior retorno, simplesmente porque tinha o maior retorno? Mesmo que não fosse um projeto relacionado com a visão de longo prazo da empresa?

Essa dúvida era muito razoável e mesmo normal. Afinal, a empresa CompBestpontocom, fundada na década de 80 por dois estudantes recém-formados, teve muita dificuldade para sobreviver nos primeiros anos de sua existência. Contudo, paulatinamente, seu crescimento se tornou consistente e estruturado. No início, a ideia era atender os amigos, montando os micros de que eles precisassem, a partir da importação de componentes, na garagem da namorada de um deles. Com o passar do tempo, com o boca a boca sendo desenvolvido, a empresa foi criando personalidade própria e se transformou numa entidade jurídica, de fato, em meados dos anos 90, com a ocorrência do Plano Real.

A montagem de computadores se tornou uma coisa simples, sem grandes segredos, mesmo para os menos privilegiados. A procura por nichos de mercado fez com que a empresa identificasse várias alternativas de investimento que foram caracterizadas como A, B, C, D, E e F. Tais alternativas não são mutuamente exclusivas, mas existe um limite para o montante de recursos disponíveis (considerando o capital próprio e de terceiros, no máximo $ 1,5 milhão, a um custo ponderado de 20% a.a.), o que faz com que a empresa se preocupe em analisar rigorosamente o retorno proporcionado. No que se refere à caracterização dos projetos, temos o seguinte:

A) Compra de novos equipamentos para **desenvolvimento de um novo produto X**.

B) Compra de parte de participação de uma empresa para **incluir o produto Z**, que interessa à empresa e já está disponível para ser adquirida, no portfólio.

C) Compra de equipamentos para atuar em **nicho de produto U, a ser desenvolvido junto com o cliente**.

D) Compra de equipamentos e aumento de equipe para **aumento da capacidade de atendimento de um produto T** já existente na empresa.

E) Criação de uma nova empresa para **aumentar a capacidade de prestação de serviços de Y e, depois de três anos, ser vendida**.

Afinal de contas, dentro da carteira de projetos de investimento que a empresa tem, o diretor financeiro quer saber em quanto tempo o investimento volta para a empresa. Ele tem muito interesse nisso, porque a empresa tem uma premência em termos de caixa e só aceita projeto que retorne o investimento em, no máximo, dois anos.

2. **Questões**

1. Que métodos devem ser utilizados? Por que usar esses métodos?
2. Fazer os cálculos de cada projeto e informar em quanto tempo devem retornar (Tabela 7.1).

3. Quais projetos deveriam ser aceitos? E se a taxa do custo de oportunidade subisse para 20% a.a.?

Observação: os alunos podem assumir premissas para as questões que considerem importantes e que não tenham sido explicitadas. Única exigência: devem deixar claras essas premissas. **As informações, em relação aos exercícios 1, 2, 4, 6 e 7, são cumulativas.**

Tabela 7.1 *Fluxo de caixa de cada projeto.*

Em R$	Projeto A	Projeto B	Projeto C	Projeto D	Projeto E
Ano 0					
Ano 1	80	300	0	10	850
Ano 2	80	200	200	50	400
Ano 3	80	100	500	200	900
Ano 4	80	200	50	300	0

7.7 Roteiro de estruturação e análise de projeto – etapa 7

Analisando as questões referentes às pessoas, analisar por área os envolvidos.

As atividades requeridas nesta etapa são as seguintes:

- leitura do texto do material de apoio;
- solução das questões de múltipla escolha referentes a este tema;
- identificar quais seriam os potenciais:
  - aliados deste projeto;
  - inimigos;
  - oportunistas;
  - oponentes.
- proponha ações para cada um deles.

8

Controle e Encerramento dos Projetos

Objetivos de aprendizagem

1. Conceituar monitoração e controle: questão semântica apenas?
2. Conceituar avaliação e auditoria de projetos.
3. Identificar o que deveria ser controlado nos projetos.
4. Explicar o porquê da importância de encerrar projetos.

Tópicos tratados

8.1 Monitoração de projetos
8.2 Os principais problemas com os projetos
8.3 Avaliação e auditoria de projetos
8.4 Encerramento de projetos
8.5 Questões de múltipla escolha sobre o tema 8
8.6 Roteiro de estruturação e análise de projeto – etapa 8

Questões provocativas

1. Quando começa o controle de um projeto?
2. O que deve ser controlado em um projeto?

3. Por que é importante encerrar um projeto, uma vez atingido o que foi planejado?
4. Quais benefícios pode trazer a auditoria de projetos?
5. Quem deve controlar os projetos de investimento?

Bibliografia complementar

MEREDITH, J. R.; MANTEL, S. J. *Project management*: a managerial approach. 4. ed. New York: John Wiley, 2000.

8.1 Monitoração de projetos

O processo de controle é inerente à atividade de planejamento, já que só se controla aquilo que foi planejado. Uma vez que o projeto representa o planejamento do que se pretende desenvolver, o controle passa a ter uma relação direta com a qualidade deste. Na verdade, o acompanhamento permite identificar as variações em relação ao projetado e, ao identificar a variação, permite a decisão em termos de ajustar ou alterar o projeto, dependendo da relevância, tanto em termos quantitativos como qualitativos, da variação. Meredith e Mantel (2000) indicam três tipos de mecanismos de controle que podem ser percebidos em diferentes momentos do desenvolvimento do projeto. Genericamente eles podem ser agrupados em: cibernético, *go/no-go* e controle *a posteriori*. O controle do tipo cibernético depende de algum tipo de sensor que acompanha o andamento daquilo que se pretende controlar e identifica algum tipo de variação. O controle do tipo *go/no-go* é o mais utilizado no acompanhamento de projetos e pressupõe que algum tipo de condição específica está sendo atendida. Uma vez que a especificação não seja atendida, algum tipo de julgamento deve ocorrer. Por sua vez o controle a *posteriori* é aquele que só ocorrerá depois que o projeto estiver terminado.

Nesse sentido, alguns autores distinguem a palavra *controlar* da palavra *monitorar*. Meredith e Mantel (2000) apresentam o conceito de monitorar da seguinte maneira: "coletar, registrar e reportar informações de qualquer e todos os aspectos que os gestores possam querer conhecer, no seu momento adequado".

Devem-se considerar:

- A frequência da apuração

    Algumas informações devem ser disponibilizadas com frequência mais espaçada e outras necessitam de frequência maior, para que o projeto possa ser ajustado caso esteja fora dos padrões desejados. Como os demais itens, o custo/benefício deve ser bem entendido antes da definição de perfil a ser disponibilizado.

- As informações a serem controladas e reportadas

    A definição de que tipo de informação deve ser controlada e reportada é crítica para que seja possível o acompanhamento. Dessa maneira, um olhar para o tripé de *trade-off* de projetos consiste em uma referência importante para a correspondente definição.

- As informações não numéricas

    As questões qualitativas de um projeto podem ser tão especiais que não são captadas automaticamente pelo sistema padronizado de informações. Pode ser necessário o desenvolvimento de coleta de dados, para que o acompanhamento do projeto ocorra de maneira sistemática e organizada.

- Dispor de indicadores de desempenho

    Estabelecer indicadores monetários e não monetários é uma etapa importante para que se possam gerenciar o projeto e seu relacionamento com as atividades costumeiras da entidade.

Quando se pensa no que controlar, uma abordagem possível é aquela que considera a separação entre controle de ativos físicos, humanos e financeiros. De maneira detalhada, podem-se mencionar:

- controle de ativos físicos: considera o controle das possibilidades de uso, controle da existência no local adequado e manutenção dos ativos;
- controle de recursos humanos: muito mais complexo do que ativos físicos e motivação de desempenhos medidos pelos resultados;
- controle de recursos financeiros: acompanhamento entre previsto e realizado.

8.2 Os principais problemas com os projetos

Percebendo os projetos a partir do gerenciamento do tripé de *trade-off*, podem ser identificados alguns dos principais focos de possíveis problemas a gerenciar:

- Problemas relacionados às especificações

    Os problemas mais comuns deste tipo de aba do tripé são: problemas técnicos inesperados, recursos insuficientes quando necessários, problemas relacionados com a qualidade e confiabilidade, cliente requerendo alterações nas especificações, complicações interfuncionais e questões tecnológicas afetando o projeto.

- Tempo

    À medida que um projeto tem alterações nos prazos das atividades, tais alterações afetam o projeto, primeiramente em função do cumprimento de um dado cronograma e, na sequência, no seu impacto financeiro. Os principais problemas encontrados são os seguintes: problemas técnicos demandando tempo para solução, projeção do cronograma muito otimista, sequência de atividades inadequadas, tarefas inacabadas retardando o projeto e cliente alterando definições e exigindo retrabalho.

- Gasto

    Por sua vez, os gastos demandados pelo projeto trazem o impacto das variáveis relacionadas com os custos e também daquelas advindas das abas das especificações e do tempo. Os principais tipos de problemas encontrados são: questões técnicas demandando recursos adicionais; o escopo do projeto se amplia; as projeções iniciais se apresentam muito reduzidas; e o controle corretivo não foi exercido adequadamente.

8.3 Avaliação e auditoria de projetos

A auditoria de projeto de investimento é uma atividade que deve ser considerada, ao menos, para os projetos de maior relevância. Normalmente, a auditoria de projeto não se confunde com a auditoria financeira. Não deveria ser uma atividade exclusivamente de pós-ocorrência. Ao desenvolver a auditoria *pari passu* ao andamento do projeto, ela se torna uma importante forma de aperfeiçoar o processo de seu desenvolvimento e não um instrumento de punição para os gestores.

Os objetivos principais da auditoria de projetos são:

- identificar os problemas o mais breve possível;
- deixar claras as relações entre especificação, gasto e tempo;
- melhorar o desempenho;
- identificar as oportunidades para projetos futuros;
- avaliar desempenho da liderança do projeto;
- reduzir gastos;
- apressar resultados;
- identificar erros, corrigi-los e evitá-los no futuro;
- prover informações para o cliente;
- reconfirmar interesse da organização sobre o projeto.

8.4 Encerramento de projetos

O encerramento de um projeto é uma etapa natural de um projeto de investimento.

O término de um projeto pode ocorrer devido a várias razões, sendo as mais comuns: extinção, integração e restrição orçamentária. Em termos de detalhe, podem ser mencionados:

- **Por extinção**

    Trata-se de uma circunstância em que o projeto atingiu seus objetivos e a substância do projeto é extinta. Alguns exemplos podem ser oferecidos:
    - o produto foi lançado, o prédio foi construído etc.;
    - o projeto pode ser extinto por dificuldades "insuperáveis", tanto de ordem tecnológica como política ou financeira. Exemplo: final do projeto Challenger;
    - o projeto pode ser extinto por eventos externos, tais como fusões e aquisições. Exemplo: o projeto de tecnologia de informações é desativado porque a empresa foi comprada por outra que já tem um sistema integrado.

- **Por adição**

    Neste caso, o projeto se transforma em uma área da entidade. Isso ocorre quando um dado projeto cresce a tal ponto que se transforma em uma área da empresa – em uma unidade de negócios, por exemplo. A incorporação das pessoas e ativos ocorre de maneira organizada e, na continuidade das atividades, o líder do projeto pode ser o mesmo ou não.

- **Por integração**

    Neste caso, o projeto é encerrado e os ativos são distribuídos pela estrutura organizacional da entidade.

- **Por restrição orçamentária**

    A falta de recursos inviabiliza o andamento do projeto.

8.5 Questões de múltipla escolha sobre o tema 8

1. Ao monitorar um projeto de investimento, a entidade deve considerar:
    (a) A frequência da apuração.
    (b) Qual a informação a ser controlada e reportada.
    (c) Informações não numéricas e indicadores de desempenho.
    (d) Todas as anteriores.

2. No sentido da abordagem de Meredith e Mantel, **pode-se dizer** que a auditoria de projetos tem por objetivo(s):
   (a) Identificar os problemas, o mais breve possível.
   (b) Melhorar o desempenho.
   (c) Reduzir custos.
   (d) Todas as anteriores.

3. Dentre as vantagens citadas por Meredith e Mantel sobre a utilização dos recursos da informatização, podemos mencionar:
   (a) Facilidade de utilização.
   (b) Visualização dos *schedules*.
   (c) Calendários múltiplos.
   (d) Todas as anteriores.

4. São considerados exemplos de término de projetos por extinção:
   (a) O projeto que teve sucesso e atingiu seus objetivos (o produto foi lançado, o prédio foi construído).
   (b) O projeto que foi extinto por dificuldades insuperáveis (Challenger).
   (c) O projeto que foi extinto por dificuldades de origens externas ao projeto (fusões).
   (d) Todas as anteriores.

5. Segundo Meredith e Mantel, dentre os vários objetivos da auditoria de projetos, **não deveríamos citar**:
   (a) Identificação dos problemas, o mais breve possível.
   (b) Penalização dos gestores dos projetos sem sucesso.
   (c) Melhora do desempenho.

6. A(s) etapa(s) do projeto que deve(m) ser controlada(s) é (são):
   (a) Concepção.
   (b) Planejamento.
   (c) Execução.
   (d) Todas as anteriores.

7. Os seguintes problemas podem ocorrer no andamento dos projetos:
   (a) Desempenho (problemas técnicos inesperados).
   (b) Tempo (projeção do cronograma muito otimista).

(c) Custo (projeções iniciais muito reduzidas).

(d) Todas as anteriores.

8. De acordo com Meredith e Mantel, um projeto pode ser encerrado por:

(a) Extinção, falta de apoio do presidente, integração e poucos recursos financeiros.

(b) Extinção, adição, integração e restrição orçamentária.

(c) Extinção, falta de apoio do presidente, integração e falta de fornecedores.

(d) Todas as anteriores.

8.6 Roteiro de estruturação e análise de projeto – etapa 8

Uma vez organizado todo o projeto, pensar no que se deseja controlar.

As atividades requeridas nesta etapa são as seguintes:

- leitura do texto do material de apoio;
- solução das questões de múltipla escolha referentes a este tema;
- identificar quais seriam os potenciais pontos de controle deste projeto, em termos tanto monetários como não monetários;
- o que seria necessário para fazer o acompanhamento das variáveis identificadas?

Bibliografia

ASSAF NETO, A. *Finanças corporativas*. São Paulo: Atlas, 2005.

BLOCK, P. *The empowered manager*: positive skills at work. Jossey-Bass Publishers, San Francisco, 1988.

BRIGHAM, Eugene and Gapenski, Louis. *Financial management*: theory and practice. Forth Worth: Dryden Press, 1997.

BONOMI, C. A.; MALVESSI, O. *Project finance no Brasil*. São Paulo: Atlas, 2002.

COPELAND, Tom et al. *Valuation*: measuring and managing the value of companies. New York: John Wiley, 1995.

CLEMENTE, A. *Projetos empresariais e públicos*. São Paulo: Atlas, 1998.

DINSMORE, P. C. *Gerência de programas e projetos*. São Paulo: Pini, 1992.

FERNANDEZ, Manny. *Who can I trust?* Executive edge. Sept. 1998, p. 56-60.

FINNERTY, J. D. *Project finance*: engenharia financeira baseada em ativos. Rio de Janeiro: Qualitymark, 1999.

FREZATTI, F. *Gestão de valor na empresa*. São Paulo: Atlas, 2002.

_____. *Orçamento empresarial*: planejamento e controle gerencial. 4. ed. São Paulo: Atlas, 2007.

_____; TAVARES, E. S. Análise da decisão de investimento em sistemas integrados de informação: possíveis modelos e suas influências no processo decisório. *Revista de Contabilidade da UERJ*, v. 8, p. 89, 2003.

FRICK, V. *Business process re-engineering*: integrating business transformation approaches. Gartner Group, Oct. 1996, p. 1-23.

GITMAN, L. J. *Princípios de administração financeira*. São Paulo: Harbra, 1997.

KEELING, R. *Gestão de projetos*: uma abordagem global. São Paulo: Saraiva, 2002.

KEPNER, Charles H.; TREGOE, Benjamin B. *O novo administrador racional*. São Paulo: McGraw-Hill, 1986.

KERZNER, A. *Gestão de projetos*: as melhores práticas. 2. ed. Porto Alegre: Bookman, 2006.

MEREDITH, J. R.; MANTEL, S. J. *Project management*: a managerial approach. 4. ed. New York: John Wiley, 2000.

O'BRIEN, James A. *Introduction to Information Systems*. 7. ed. Burr Ridge: Inwin, 1994.

ROGERS, P. R.; BAMFORD, C. E. Information planning process and strategic orientation: the importance of fit in high-performing organization. *Journal of Business Research*, v. 55, p. 205-215, 2002.

ROSS, S.; WESTERFIELD, R.; JAFFE, J. *Administração financeira*: corporate finance. São Paulo: Atlas, 1995.

STEINER, George A. *Strategic planning*: what every manager must know. New York: Free Press, 1979.

STEWART, G. Bennett. *The quest for value*. New York: Harper Business, 1991.

VALERIANO, D. *Gerência em projetos*: pesquisa, desenvolvimento e engenharia. Porto Alegre: Makron Books, 1998.

_____. *Gerenciamento estratégico e administração por projetos*. Porto Alegre: Makron Books, 2001.

_____. *Moderno gerenciamento de projetos*. São Paulo: Pearson, 2005.

VAN HORNE, James C. *Financial management and policy*. Englewood Cliffs: Prentice Hall, 1995.

WARD, K. *Strategic management accounting*. Oxford: Butterworth-Heinemann, 1993.

WELSCH, G.; HILTON, R.; GORDON, P. N. *Budgeting*: profit planning and control. 5. ed. Englewood Cliffs, NJ: Prentice-Hall, 1988.

WELSCH, Glenn A. *Orçamento empresarial*: planejamento e controle do lucro. São Paulo: Atlas, 1994.

WOILER, S.; MATHIAS, W. F. *Projetos*: planejamento, elaboração e análise. São Paulo: Atlas, 1986.

Índice Remissivo

Accountability, 92
Aderência estratégica, 17, 20-21, 28-30
Aliado, 108-109
Alinhamento entre planos estratégicos e orçamento, 27-28
Auditoria de projetos, 121

Balanço patrimonial, 54, 56-57

Capital budget, 25
Ciclo de um projeto, 38-45
Controle, 23, 119
Custo, 58-59
Custo de oportunidade, 82-84

Demonstração de resultados, 55-57
Despesa, 59-60

Economic value added (EVA), 81-83
Estrutura de projetos, 111-112

Fatores críticos do projeto, 45-46
Fluxo de caixa, 54, 57-58

GANTT, 10-11
Gasto, 58-59
Gerente de projetos, 106, 109-110
Gestão de projetos, 4-6

Hedge, 98

Índice de lucratividade, 73-74, 80
Intangível, 8-9
Investimento, 28, 58-59

Métodos de avaliação de investimento, 73-83
Missão, 24-25
Monitoração de projetos, 119

Orçamento de capital, 25

Período de *payback*, 73-77
Período de *payback* ajustado, 76-77
Perdas, 58-60
PERT/CPM, 11
Planejamento estratégico, 23-25
Plano de investimentos, 25-26

PMBOK – *Project management Body of Knowledge*, 4
PMI – *Project Management Institute*, 4
Programa, 10
Project management, 4
Projetos, 3-4
Projetos independentes, 9
Projetos interdependentes, 9

Qualidade estratégica, 46-47
Qualidade tática, 46-47

Receita, 54-56
Resultado econômico, 54, 81-83
Resultado financeiro, 54

Retorno, 12-13, 22, 94
Risco, 73, 85, 97-99

Schedule, 47-48

Tangível, 8-9
Tarefa, 9-10, 40-45
Taxa de desconto, 77, 83
Taxa de retorno contábil, 81
Taxa interna de retorno, 73, 77-78
Taxa interna de retorno modificada, 78
Tipos de projetos, 7-9
Trade off de recursos, 12-14

Valor presente líquido, 73, 79-80

Impressão e acabamento

psi7 | book7
psi7.com.br   book7.com.br

2018